约会阿根廷

Have A Date With Argentina

余 熙 撰文／摄影

世界知识出版社

图书在版编目(CIP)数据

约会阿根廷 / 余熙著.—北京：世界知识出版社，2015.11
（余熙约会世界系列）
ISBN 978-7-5012-5051-6

Ⅰ.①约… Ⅱ.①余… Ⅲ.①阿根廷—概况 Ⅳ.①K978.3

中国版本图书馆CIP数据核字（2015）第241311号

责任编辑	侯奕萌
责任出版	赵 玥
责任校对	马莉娜
封面设计	小 月

书　　名	**约会阿根廷** Yuehui Agenting
作　　者	余 熙 撰文 / 摄影
出版发行	世界知识出版社
地址邮编	北京市东城区干面胡同51号（100010）
电　　话	010-65265923（发行）　010-85119023（邮购）
网　　址	www.ishizhi.cn
经　　销	新华书店
印　　刷	北京新华印刷有限公司
开本印张	787×1092毫米　1/16　13印张
字　　数	180千字　300幅图
版次印次	2015年12月第一版　2015年12月第一次印刷
标准书号	ISBN 978-7-5012-5051-6
定　　价	58.00元

Prólogo
中国驻阿根廷共和国大使序言

思者无域，行者无疆

作为与本书作者相识多年的故友，我由衷祝贺余熙先生的又一力作《约会阿根廷》问世。

阿根廷是距离中国最远的国家之一。余先生不远万里至此，探访名城重镇，结交各界人士，深入市井社会，用接足地气的细腻文字和亲历民间的鲜活图片勾勒出这个遥远国度的独特气质。他笔下的阿根廷，不仅拥有技艺精湛的足球、优雅曼妙的探戈和壮美磅礴的自然风光，更拥有悠远厚重的历史脉络、丰富斑斓的文化艺术、热情奔放的民族特质和自由独立的哲思精神。同时，作者凭借新闻人的敏锐视角和社会学者的人文思考，捕捉到不少中阿民间交往的生动事例，从侧面展现出两国友好的渊远历史。我深感，在中阿关系全面深入发展的今天，此书将满足中国读者立体感知阿根廷的需求，激发大家探究中阿友好关系的兴趣。

长期以来，余先生致力于推动中外民间友好，足迹遍及世界六十余国，接触对象既有政界要人，又有普通百姓。这份执着与热忱足令人感佩。更值得称道的是，余先生勤勉务实，在游历海外期间坚持对外演讲，把温暖动人的中国故事带往各地，把积极友好的中国声音传至四方。余先生本人曾自谦道：他不能盖起整座大厦，但愿做那个"添砖加瓦"的人。我认为，这些"砖瓦"之力真诚可贵，不仅为推动中外民间友好作出了积极贡献，也为中国公共外交事业提供了优秀范例和启迪。

思者无域，行者无疆。衷心祝愿余先生在国际文化交流的广阔疆域收获新成果，真诚期盼更多民间使者加入到推动中外友好的行列中来。

杨万明

中华人民共和国驻阿根廷共和国特命全权大使

二〇一五年九月 于阿根廷首都布宜诺斯艾利斯

Prólogo

Sin límites ni fronteras

Siendo un viejo amigo de largos años, quiero expresar mis sinceras felicitaciones al Sr. Yu Xi por la publicación de su nuevo trabajo titulado *Citado en Argentina*.

Argentina constituye uno de los países, geográficamente, más lejanos de China. La distancia de miles de kilómetros no puede impedir al Sr. Yu llegar aquí para visitar las históricas ciudades, entablar amistad con las personas de los distintos círculos, y llegar a ser parte de la cotidianidad de las comunidades, bosquejando identidad particular de este lejano país tanto con las sencillas pero a la vez sensibles palabras como con las vivas, también, vividas imagenes. La Argentina plasmada en las líneas de su libro no sólo representa la expresión de la gran habilidad del fútbol, la elegancia del tango y el prodigio del paisaje natural, sino que también se identifica con el bagaje histórico, la cultura rica y esplendorosa, la idiosincracia abierta y apasionada, y el espíritu filosófico libre e independiente. Asímimo, gracias a la perspectiva sutil y el pensamiento humanístico que le otorga su experiencia como periodista y sociólogo, el autor logró captar interesantes anécdotas del intercambio entre los pueblos chino y argentino, lo cual refleja la larga historia de la amistad entre ambas naciones. Pienso que bajo las circunstancias de que hoy por hoy las relaciones binacionales se desarrollan en forma integral y profunda, este libro responderá las necesidades de los lectores chinos para conocer una Argentina tridimensional, con el interés de explorar los vínculos amistosos sino-argentinos.

Desde hace tiempo Yu Xi se ha dedicado a impulsar la amistad del pueblo chino con los extranjeros, dejando sus huellas en más de 60 países del mundo, para tener intercambios con un amplio espectro de personas, desde dignatorios hasta los ciudadanos común. Su persistencia y pasión es digna de nuestra admiración. Cabe destacar que durante su recorrido por el planeta, siendo diligente y práctico, Yu Xi no deja de pronunciar palabras ante el público, llevando tanto los afectuosas y conmovedoras historias chinas como la positiva y amistosa voz china a las diversas latitudes. El mismo Yu Xi se consideró con humildad incapaz de levantar un edificio entero, pero siempre dispuesto a añadir ladrillos al mismo. En mi opinión, este esfuerzo de poner ladrillos es sincero y apreciable, que no sólo contribuye a la amistad entre el pueblo chino y los extranjeros, sino a que constituye un excelente ejemplo e inspiración para la diplomácia pública de China.

Para el pensador no existe límites, y para el viajero, no hay fronteras. Fomulo votos porque Yu Xi consiga nuevos logros en el extenso territorio del intercambio cultural internacional, con la sincera expectativa de que cada día más embajadores de la amistad del pueblo se incorporen en la promoción de los vínculos amistosos entre China y el resto del mundo.

Yang Wanming
Embajador Extraordinario y Plenipotenciario
de la República Popular China en la República Argentina
Buenos Aires, septiembre de 2015

Prólogo
阿根廷共和国驻华大使序言

　　《约会阿根廷》是一部全面展示阿根廷共和国风貌的作品。

　　尽管中国和阿根廷之间地理距离遥远，但两国元首——习近平主席和克里斯蒂娜总统决策建立的中阿全面战略伙伴关系拉近了这一距离。

　　余熙先生试图通过他的作品使中国读者了解阿根廷人民日常生活和工作的各个方面及其特征。

　　通过作品深入了解阿根廷文化，社会及其传统才能进一步拉近阿中两国人民之间的距离。

　　作为阿根廷共和国驻华大使，我祝贺和感谢余熙先生为进一步密切两国人民联系所创作的《约会阿根廷》出版。

古斯塔沃·马蒂诺

阿根廷共和国驻华大使

二〇一五年十月

Prólogo

El presente trabajo intelectual constituye un ejercicio visual abarcativo de la República Argentina.

No obstante la distancia real geográfica entre la República Popular China y la República Argentina, vislumbra su cercanía teniendo en cuenta la asociación estratégica integral que los líderes de ambos países, el Presidente Xi Jinping y la Presidente Cristina Fernández de Kirchner, han decidido instaurar.

El Sr. Yu Xi, con este trabajo ha decidido llevar a conocimiento del lector chino aspectos cotidianos y característicos de la vida y el trabajo de los habitantes de la República Argentina.

El mismo, acercará aún más a los pueblos de la Argentina y China al conocer detalles de la cultura, la sociedad y sus tradiciones.

Como Embajador de la República Argentina en la República Popular China, felicito y agradezco al Sr. Yu Xi por su trabajo y dedicación, que refuerza aún más los lazos bilaterales entre nuestros pueblos.

H.E. Mr. Gustavo A. Martino

Embajador Extraordinario y Plenipotenciario de

la República Argentina en la República Popular China

Octubre de 2015

阿根廷国旗　　　　　阿根廷国徽

阿根廷国家档案

国名　阿根廷共和国（The Republic of Argentina，República Argentina）。

面积　2780400平方公里（不含马尔维纳斯群岛和阿主张的南极领土）。

人口　4011万（2010年人口普查）。白人和印欧混血种人占95%，多属意大利和西班牙后裔。印第安人口60.03万，其中人口最多的少数民族为马普切人（Mapuche）（2005年印第安人口普查）。官方语言为西班牙语。76.5%的居民信奉天主教，9%的居民信奉新教（2008年宗教普查）。

首都　布宜诺斯艾利斯（Buenos Aires），人口289万（2010年）。

重要节日　国庆节：5月25日；独立日：7月9日。

简况　位于南美洲东南部，东濒大西洋，南与南极洲隔海相望，西邻智利，北与玻利维亚、巴拉圭交界，东北与乌拉圭、巴西接壤。南北长3694公里，东西宽1423公里。陆上边界线长25728公里，海岸线长4725公里。北部属热带气候，中部属亚热带气候，南部为温带气候。年平均气温北部24℃，南部5.5℃。

旅游业　旅游业发达，是南美主要旅游国家。全国有自然保护区39个，总面积366.41万公顷。有世界自然和文化遗产8处，2009年联合国教科文组织将探戈舞正式列入人类非物质文化遗产名录。主要旅游点有巴里洛切风景区、伊瓜苏大瀑布、莫雷诺冰川等。

（资料来源：中国外交部网站；更新时间：2015年7月）

目 录 Conterts

第二章　魅力首都，布宜诺斯艾利斯
Chapter Two　Charming Capital: Buenos Aires

第三章 "从科尔多瓦钻孔，地球那边是武汉"

Chapter Three "Drill a hole through the Earth in Cordoba, and you'll end up in Wuhan"

第四章 七彩霓虹萦绕苍茫高原

Chapter Four A vast and colorful plateau

第五章　力量交织美感的伊瓜苏
Chapter Five　Power and beauty at Iguazu Falls

第六章　刀锋峭立的巍巍冰川
Chapter Six　Steep and towering glaciers

引 言

它从蓝色文明来

一句偶然的话语，使瞬间变为永恒。

16世纪的一天傍晚，西班牙探险家桑乔德尔坎波和所有船员一样，将虚弱的身躯斜倚船舷，用尽全力仰头，眺望湛蓝的天空下那淡淡一抹的绿色土地。他深深地吸入一口清新的空气，嘶哑无力地感叹："I Ique Buenos aires Son los de este suelo!"

这句西班牙语的读音很长："伊克·布宜诺斯艾利斯·松·诺思·德·埃斯特·苏埃洛"，但意思简单："空

↓ 拉普拉塔河，流经阿根廷的第一大河

↑ 布宜诺斯艾利斯拉普拉塔河

气太好啦！"

　　对于德尔坎波和伙伴来说，历尽茫茫大海的风浪与颠簸，终于抵达阿根廷这片南椎体宽阔的拉普拉塔河口，吸入潘帕斯大草原拂来的洁净"好空气"，这无疑意味着生命在复归呀！

　　"布宜诺斯艾利斯"（好空气）！

　　阿根廷的首都由此得名。

　　现在想想，已经拥有240多万人口的南美特大现代化都市布宜诺斯艾利斯，当年仅有27万人，且未受现代工业的污染，其空气之好自不待言。没想到就这么一句感慨之声，竟被定为这座城市的正式名称。想想也真不错，"好空气"能成为一个城市名称，这种福气可真不一般！

　　阿根廷，一个至今空气依然不错、中国无人不知却少有人前往一探究竟的南美大国；

　　布宜诺斯艾利斯，一个氛围酷似西欧名城，但与欧洲文化迥异的南美都市。

　　两次从容的阿根廷之旅，使得我有机会切身感知这个国家。第一次阿根廷之旅，我停留了一个多月，不仅对首都布宜诺斯艾利斯的各地多有游历，更富有激情地北上胡胡伊、南下卡拉法特、东去伊瓜苏、西突科尔多瓦……把阿根廷看了个够。

奇怪的是，去过那么多地方、看过那么多景物，但能瞬时走进我脑海里的仅有一幅画面，那就是在晴空中呼呼飘扬的蓝白两色的阿根廷国旗。

为什么？只因为那宽大的旗面仿佛一缕流动着的，但可触摸的蓝色空气，而旗面中央黄色的太阳图案，当与悬在高空的耀眼的真太阳相叠印时，那图案上平静的笑脸瞬间便幻化为一团融融火球，仿佛要把人的心田暖化。

其实，在富于活力的笑脸太阳图案背后，阿根廷这片大地所肩负的历史，也缀满凸凹不平的沧桑与疤痕。位于南椎体的这个国家历史并不久远，书写起来也不复杂——直至1492年哥伦布发现加勒比时，这片广袤的大地上仅有90万印第安土著居民，他们由迪亚吉塔人、马普切人、瓜拉尼人、大查科印第安人、查鲁亚人等部落所组成；1516年，航海家胡安·迪亚斯·德索利斯发现拉普拉塔河口，被历史学家普遍认定是欧洲人与阿根廷土著的深度邂逅，它距今也不过500年历史。作为第一个摆脱西班牙殖民者统治的拉美国家，阿根廷却在独立后的短暂时空隧道里，继续着翻筋斗的宿命，而且在一片诡谲的漩涡中翻来覆去，长时间不得脱身。

↓总统府内陈列着阿根廷北部高原印第安人的铜质雕塑

阿兹特克文明造就了墨西哥，
印加文明造就了秘鲁，
蓝色文明造就了阿根廷。
——这句话，道出今天阿根廷的历史渊源。
而要想深刻了解阿根廷的文明，必须了解她独特的前世今生——
阿根廷是南半球拉丁美洲第二大国。它的历史被鲜明地书书写成三个时期——印第安土著期、殖民期和现代期。
我试图最简洁地概述这三段历史：

早在新石器时代，今阿根廷大地上就有人类居住的遗
迹。印第安土著主要集中于今天阿根廷的中北部地区，包
括我去过的萨尔塔、胡胡伊和科尔多瓦等地区。那时的印
第安人尚处于氏族社会初期，以游牧部落为群居单位，较
之于同期的玛雅文明、阿兹特克文明和印加文明，阿根廷
土著印第安人的文明形态显然落后很多。

始于16世纪的西班牙殖民者对阿根廷的探险和征服活
动，掀开阿根廷近代文明的历史帷幕。

↑ 总统府的壁画。

继哥伦布1492年发现美洲新大陆，西班牙探险家阿梅
里克·维斯普西奥也不甘人后地于1502年踏上阿根廷大
陆。1516年，葡萄牙人胡安·迪亚斯·德索利斯在西班牙
国王的派遣下登陆拉普拉塔河沿岸。1520年，葡萄牙籍航
海家麦哲伦，受西班牙国王派遣开始环球航海旅行时再次
抵达阿根廷。从此以后，西班牙和葡萄牙王室之间就这一
南椎体地区开展激烈争夺。

殖民者的探险之旅，实质性地改写了阿根廷大陆历史，
这包括16世纪西班牙殖民者在阿根廷版图区域内建立起的
25座城市，以及建立并完善对这些城镇的管理体系。这种
殖民制度的统领直至19世纪初，才在拉普拉塔区域开始衰
落。英国人的入侵破坏了殖民地既有的政治秩序，主张自
治的土生白人对政治的参与度得到大幅度提升。

此后，阿根廷又经历过著名的五月革命和独立运动，殖
民地政权转移到土生白人手中，拉普拉塔地区事实上独立。
1880年，胡里奥·阿亨蒂诺·罗加结束了内乱当选总统。

19世纪以来，阿根廷大力鼓励欧洲移民来阿定居。
1853年的阿根廷宪法规定："为怀有良好愿望来到阿根廷的
人提供一切权利。"仅在1870年后的20年间，涌入阿根廷
的欧洲移民就达154万人之多。

移民政策极大提升了阿根廷的经济繁荣，加之20世纪
两次世界大战中，阿根廷成为交战方的重要资源提供国，
从而狠狠地大赚其钱；这些都使得阿根廷经济快速崛起，
一举成为拉美经济最为繁荣的国家。阿根廷的经济发展水

平曾一度居全世界第九位，一举跃居世界发达国家的前列。

20世纪初，阿根廷是世界最大的玉米和亚麻生产国，世界第二大小麦出口国，第二大羊毛生产国和第三大畜牧业生产国。布宜诺斯艾利斯也成为继纽约之后的美洲第二大城市，并且是拉丁美洲的最大城市。

至此，蓝色文明的优势得到充分彰显。

三

我曾去过阿根廷的潘帕斯大草原腹地，目睹过这片备受上帝垂青的国土，是那么令人垂涎地拥有世界最为湿润温暖、最为广阔富庶的大平原。那平原的土壤肥得流油，有些地方的表层土深达15米，这使它无愧为世界上的最佳牧场。放眼望去，

潘帕斯大草原

整个草原绿涯无边，无处不是牧草丰沛，牛羊成群，更有数不清的野生鸵鸟、蜥蜴在草丛中穿行；这里盛产玉米、高粱和小麦等农作物。加之在国家中部，多达数百家世界一流的葡萄园、果园和甘蔗园，使阿根廷成为世界羡慕的"世界粮仓和肉库"。

↑ 马拉多纳的形象不仅画在墙上，更在阿根廷球迷的心里

不仅如此，阿根廷的多座现代化城市，也作为标志性世界名城而称誉全球。首都布宜诺斯艾利斯就不用多说了——那是南美洲最为伟大的历史文化名城，也是美洲最为炫目的文化中心之一。科尔多瓦是著名大学城，仅科尔多瓦大学一所学校，就培养出了五位阿根廷共和国总统。南部的巴塔哥尼亚地区，是欣赏安第斯山脉和冰川绝妙景色的极好去处，一年四季总能吸引无数的各国游客。而北部毗邻秘鲁、玻利维亚和智利的萨尔塔和胡胡伊城市旅游圈，不仅有绚烂的七彩山脉和壮阔的仙人树林，更有原生态的印加文明和印第安人社会踪影，令人大开眼界。至于世界闻名的伊瓜苏大瀑布，从阿根廷一侧看过去，与在巴西一侧欣赏相比，有着截然不同的另类壮丽美景。

不仅自然资源优越，阿根廷的人文和社会资源也傲人一筹。比如探戈，这无疑是中国人对阿根廷文化最熟悉的部分；至于它在体育（特别是足球和球星马拉多纳）上的影响力，简直就是中国人的不尽谈资。当然，阿根廷人的世界性贡献也十分骄人。大多数人可能不太了解，诺贝尔奖得主中有五位是阿根廷人。此外，文学大师豪尔赫·路易斯·博尔赫斯的神秘作品，更为阿根廷赢得世界性声誉……

因此，每当提起阿根廷，全世界的目光通常是认真、郑重和赞赏的。

四

与20世纪因两次世界大战获益，以及因大批欧洲移民的到来而飞速发展的国力黄金期相比，特别是与和它同时起步的美国相比，今天的阿根廷就显得底气不足，且在21

世纪全球化浪潮的追赶中有些"上气不接下气"。

艾伦·比蒂所著的《美国不是故意的：一部经济的辛酸史》中曾这样评论："美国和阿根廷选择了不同的道路，但它们并不是命中注定要选择各自道路的。短短一个世纪以前，美国和阿根廷还是竞争对手，从差不多的地方开始起跑。两国都赶上了20世纪的第一波全球化浪潮。两国都很年轻，都有富饶的农场、信心百倍的出口商。两国都把新世界的牛肉送上了原来欧洲宗主国的餐桌。20世纪30年代大萧条降临之前，全世界最富裕的十个经济体，阿根廷排得上号。……一百年之后没什么可选了。美国成了历史上经济最发达的国家，阿根廷成了破产的空壳子。"

阿根廷的困境局面，直至2003年基什内尔总统上台后才有所改观，阿根廷人民也是在那时，才得以重拾信心。

在其后的2011年10月23日，基什内尔总统的妻子克里斯蒂娜·费尔南德斯·基什内尔赢得连任，担任总统任期直至2015年。

在阿根廷总统府玫瑰宫二楼前总统基什内尔办公室的墙上，我看到过他与妻子的大幅合影照片。基什内尔和克里斯蒂娜两位总统的相继改革，使阿根廷经济开始回暖。乐观地看，2010年阿根廷经济就一举增速达9.2%，2011年虽面临新一轮国际金融危机冲击，它仍保持增幅达8.3%。自2012年以来，受国际经济形势等影响，阿根廷经济增速明显放缓，通货膨胀高企，本币贬值，外汇储备下降。2014年年初以来，阿政府采取放松外汇管制、提高利率、减少财政补贴等举措，宏观经济形势好转。虽然通胀率居高不下，但阿民众对国民经济和居民消费前景持乐观态度，对政府的支持率比较稳定。

中国与阿根廷于1972年建交以来，双边关系发展顺利，各领域互利合作日益深化，两国在国际事务中保持着良好合作。2014年7月，习近平主席对阿根廷进行国事访问时，中阿宣布建立全面战略伙伴关系。阿根廷总统克里斯蒂娜于2010年7月和2015年2月两次对中国进行过国事访问。

2015年2月，克里斯蒂娜总统访华期间，两国外长在

↑ 布宜诺斯艾利斯，南美最发达的现代化大都市

↑ 阿根廷共和国总统府大门

双方元首的见证下签署《中华人民共和国政府和阿根廷共
和国政府关于便利双方旅游人员签证协定》。可以预见，
随着该协定的正式生效，中国公民赴阿旅游将更加便利，
中国赴阿人员数量将不断增加。

地理上距离最为遥远的这两个国家，正越走越近呢。

本书付梓之际，恰值克里斯蒂娜总统任期届满。她的
接棒者能否使阿根廷重振雄风，全世界无不拭目以待。

好吧，请您随我一起来真切地感知阿根廷吧。■

↓ 布宜诺斯艾利斯市政厅

第一章

"公民成就"，国家第一软实力

一、圣马丁与玻利瓦尔，拉美的解放者

↑ 阿根廷 5 比索纸币上印有圣马丁的肖像图案

在阿根廷近现代历史上，卓越的公民成就是这个国家崛起的关键性力量。若想深刻认识这个国家，绝对不能忽略公民个体成就对国家整体的特殊影响力。阿根廷的公民个体，从来就是整个国家文化软实力的象征。

步入阿根廷总统府的玫瑰宫，我在一楼和二楼的墙上，蓦然瞥见几幅历史人物的肖像甚为眼熟。细加辨认，发现他们都是蜚声全球的拉美解放者，并在阿根廷响当当地被尊崇有加，他们是百年以来的英雄圣马丁、玻利瓦尔、何塞·马蒂、阿蒂加斯，甚至还有 20 世纪出生于阿根廷的当代英雄切·格瓦拉。

驻足于总统府柔和的灯光下，我有点惊奇：怎么墙头竟悬挂着多位原本不具备阿根廷国籍，但在拉美独立运动中功勋卓著的民族英雄。凝视着古巴民族英雄何塞·马蒂，乌拉圭民族英雄何塞·赫瓦西奥·阿蒂加斯的照片，我回忆着自己曾在《约会哈瓦那》和《约会乌拉圭》等书中对他们的描写，似乎少有提及他们与阿根廷关系，这未免留

→ 从总统府眺望窗外的五月广场

有遗憾。现在，这几位目光炯炯、气宇轩昂、浑身充满生命张力的人物，正从总统府墙上凛然守望并深情凝视着南椎体大陆那风卷云舒的历史画卷——当总统克里斯蒂娜女士日复一日地在画像前步履匆匆时，她心底是否也会泛起某种警示：这些历史人物的眼神，不正是对她恪守使命的激励与督促吗？

总统府，宛若国家政治道德的守望台。

1. 圣马丁，从护国公到埋名寓公

何塞·德·圣马丁，一位充满梦幻色彩的、南美殖民地的解放者。他为南美赢得了独立，是世人瞩目怀念的"护国公"。但历史令他难以继续为祖国施展拳脚，最终埋名于"惆怅的寓公生涯"而聊度余生。

在阿根廷首都布宜诺斯艾利斯，玫瑰宫正门前不远处的五月广场上，伫立着一尊不太高的青铜骑士纪念碑。碑座上昂首挺胸、矫健策马的铜雕塑像，便是何塞·德·圣马丁。

↓ 总统府右侧雕塑骑马人物
为拉美解放者圣马丁

独立战争期间，圣马丁曾在这处广场训练骑兵。1878年2月25日，阿根廷人民在圣马丁100周年诞辰的日子里，为他竖立了这个雕像纪念碑。此后形成惯例，大凡外国使节递交国书后，都会来这里向圣马丁纪念碑敬献花圈。

那天已是深夜，我独自端坐雕像旁的长椅上，抬头默默凝视。头顶上，圣马丁依然跃马扬戈，四周阒然无声。

我的左侧，是被外照光映射得通亮的暖红色的总统府玫瑰宫。它白天曾被无数示威者所包围，抗议呼喊声嘈杂震天。而此刻的它却万籁俱寂，只有拉普拉塔河面的微风轻轻拂过。多么难得的片刻安宁啊！

高高在上的圣马丁，此刻的心莫非也能感知这夜色的浓黑与宁馨？当年他策马悄然无声地告别祖国远赴欧洲，于穷困潦倒的晚年困境之时，伴随着他的每一个难熬的夜晚，是否也如今天这般孤寂？

被阿根廷人民尊为"国父"的圣马丁，1778年生于西

↓ 拉美解放者圣马丁的遗骨，安放在布市大主教大教堂

班牙，曾参加过反对拿破仑占领军的战争。他是武士，但读书甚多，卢梭、伏尔泰、孟德斯鸠、狄德罗等启蒙思想家的著作被他奉若圭臬。他追随军人父亲来到阿根廷后，曾前往安第斯山组建训练出一支主要由黑人和混血人种组成的安第斯山解放军，这支骁勇善战的军队突袭驻守于智利的西班牙守军，使智利一举获得独立。圣马丁没有停顿，继续组建新的海军从海上向秘鲁进发，并迅即使秘鲁获得解放。

巨大贡献使他赢得了秘鲁人民的尊崇，秘鲁举国推举他为的"护国公"。圣马丁还拥有"南美洲解放者"，秘鲁、智利和阿根廷三国的"祖国之父"等殊荣。

2. 玻利瓦尔，无情竞争的战友

就在圣马丁的威震四方之时，又有一位英雄人物横空出世，他便是南椎体另外一位民族解放者、出生于委内瑞拉加拉加斯的西蒙·玻利瓦尔。

玻利瓦尔是拉丁美洲著名的革命家、思想家和军事家。他英勇奋战，在39岁之时就把委内瑞拉、秘鲁、哥伦比亚、厄瓜多尔、玻利维亚和巴拿马六个拉美国家从西班牙殖民统治中解放出来，并使其获得独立。由于玻利瓦尔把南美从西班牙的统治下解放出来，人们尊称他为"南美的乔治·华盛顿"。

玻利瓦尔的个性复杂而有趣：鲜明、勇敢、浪漫、目光远大而充满理想。资料记载中的他，英俊潇洒，一表人才，且不乏风流韵事。

这十多年来，我多次受邀出席委内瑞拉驻华使馆的各类活动，有机会目睹委内瑞拉政府和人民对玻利瓦尔的极端崇敬之情，也听到过不少关于玻利瓦尔的轶闻。

委内瑞拉驻华大使曾语含敬意地诉说过这位英雄的一个故事：秘鲁独立后，当局曾请求玻利瓦尔出任首任总统却遭拒绝。当局于是赠送一百万比索给他。玻利瓦尔默默接下赠礼，然后询问："秘鲁境内目前共有多少奴隶？"回答大约有三千人。他又问："每个奴隶售价为多少？"对方回答："身体健壮者大约三百五十比索一个。"

↑ 总统府陈列的铜雕艺术品

↑ 作者余熙（左）与古巴驻华大使白诗德先生在北京朝阳公园内的玻利瓦尔塑像前（余胄摄）

↑ 南美解放者玻利瓦尔（资料图片）

于是玻利瓦尔说："除了你们给我的这一百万比索外，我还愿意倾尽我的全部，买下秘鲁所有的奴隶，然后还给他们自由。如果一个国家无法让每一个国民都享有自由的话，那么我帮助这个国家争取独立，也就没有什么意义了。"

当历史使何塞·德·圣马丁和西蒙·玻利瓦尔两位英雄终于聚首于厄瓜多尔的瓜亚基尔时，"一山不容二虎"的魔咒，竟然令两人的会面并不愉快。敏感而豁达的圣马丁在极短的时间迅即做出令人惊异的决定：把自己执掌的军队悉数交给玻利瓦尔指挥，他本人则选择急流勇退，匿身江湖且不再露面。

1822年，辞去"护国公"职位返回祖国的圣马丁，却遭遇家庭变故，妻子的离去、上层社会将他拒之门外等冷遇，令他备感世态炎凉。1824年，孤独的圣马丁携女儿经过圣地亚哥，穿越安第斯山，并从布宜诺斯艾利斯启程悄然远去布鲁塞尔继而巴黎，并在那里自我放逐，直至1850年8月，72岁的他在法国海滨城市布格涅告别人世。

在决定隐退之际，圣马丁曾在写给玻利瓦尔的信中这样解释原因："……因为我相信，我的存在是唯一阻碍您带领军队进驻秘鲁的障碍"。

情怀如此宽阔豁达，使圣马丁成为阿根廷人民永远仰视的世纪伟人。他在自己的革命事业最为火红的时刻断然隐退，一举避免了两支义军可能出现的内讧。他的离去，使南椎体幸免于新的战乱，人民得以逃脱生灵涂炭的厄运。他的举动，有力证明了自己当初率部推翻殖民者统治的动机，完完全全地是为了解救人民于水火。正如圣马丁所言，如果最终酿制两支革命军的火拼，"将是留在世界上的一件十分丢脸的丑恶行径"，"我并不寻求荣誉。我的剑绝不为争权夺利而出鞘！"

后世这样评价圣马丁的高风亮节："他是一个在历史上几乎无法复制的灵魂"、"圣马丁的名字再次响遍与他化为一体的美洲任何角落，是他把所有美洲国家的名字汇为一体"。

在圣马丁逝世后，智利和秘鲁都给予这位解放者以崇高荣誉，但自己的祖国阿根廷却对他冷漠有加，付之阙如。

媒体也长期对他未有任何称颂之词。直至30年后的1880年，祖国的偏见得以纠正。圣马丁的遗骨终于被迎回祖国，并被时任总统隆重安葬在总统府玫瑰宫左侧的大教堂内。

相对于洒脱释权的圣马丁，独拥重权的玻利瓦尔不可躲避地承载了公义和道德质疑的重负。

耐人寻味的是，这两位拉丁美洲的伟大解放者晚年都有相同的宿命追求。就在圣马丁离去6年后的1830年，业已身心俱疲的玻利瓦尔，在侥幸逃脱一次暗杀后，也决定效仿圣马丁放弃自己的总统职位。他开始理解圣马丁的情怀，并一度试图也要到欧洲去追寻圣马丁的足迹。在他离世之前，他曾悲观地写道："美洲是无法控制的！"

尽管结局有些沮丧，但圣马丁和玻利瓦尔都在用自己的勇气和智慧，奋力击碎拉丁美洲被殖民统治的枷锁，使得拉美各国人民终于摆脱殖民桎梏，他们的历史性贡献仍然令全世界为之景仰。

这使得他们的肖像并排悬挂在阿根廷总统府内。■

↓阿根廷历史博物馆门前的石雕艺术品

二、早凋的阿根廷玫瑰，馨香依旧

↑"阿根廷玫瑰"艾薇塔·庇隆
（资料图片）

1. 魅力治国，庇隆总统和贤内助

两度担任过阿根廷总统的胡安·多明戈·庇隆，是一位拥有远大抱负、对阿根廷现代历史产生过重要影响力的政治家。

庇隆出生于1895年，1946年当选阿根廷共和国总统，于1955年被迫辞职；1973年东山再起再度担任总统，1974年7月1日因心脏病突发逝世。

庇隆对阿根廷的最大贡献，在于当阿根廷陷入混乱之际，他利用多方矛盾战胜众多对手从而胜出。他对资本主义弊端有着清醒认识，其执政理念十分鲜明：把阿根廷从外国资本势力中解救出来。他通过进行一系列的改革，极大地推动了阿根廷的国家经济发展。进口代替出口的政策改变了国家经济结构，阿根廷也建立了初具规模的工业体系。由于庇隆的政策严重削弱了大农场主和买办商人参与政治权利斗争的基础，致使他从一开始就受到国内保守势力的激烈对抗。这是他第一次被迫下野，并流亡国外18年的原因。1973年，再度上台的庇隆总统重新贯彻扶植民族工业、推进企业国有化，抑制外国公司扩张，同时改善同社会主义国家的外交关系，抵制激进组织和恐怖主义。

但是，人们在对庇隆总统进行回顾和纪念时，常会记起他有一个更重要的"政治衍生品"，就是他的夫人艾薇塔·庇隆。

艾薇塔·庇隆拥有"阿根廷玫瑰"之美称。她良好的社会声誉甚至超过总统庇隆本人；她的存在对于庇隆总统的社会形象，无疑是极大的完善、丰富和提升。

去过布宜诺斯艾利斯的人都知道，市区有处别样旅游景点，那就是雷科莱塔公墓。雷科莱塔内的墓碑和陵寝构造精细壮美，造型奇谲优雅，墓碑前多饰有精美的金属或石质艺术人像、动物和花卉雕塑作品，使原本应有些阴森的墓寝洋溢着欢快的艺术气息，很具有艺术和文化的观赏性。这座公墓中最引人注目的所在，就是"阿根廷国母"艾薇塔的陵寝。

在狭窄小道纵横交错的公墓西南侧，我发现挤满驻足献花的凭吊者，人们争相簇拥环绕的便是有"阿根廷玫瑰"之称的艾薇塔夫人的陵寝。

由黑色大理石镶嵌而成的精美陵寝石壁上，从上至下缀饰着多面黄铜铭牌，其中有些铭牌上醒目地镌刻着艾薇

↑ 雷科莱塔墓地始建于1882年，安葬着13位总统

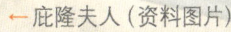

← 庇隆夫人（资料图片）

↑ 雷科莱塔墓地内最为有名处为"阿根廷玫瑰"艾薇塔的墓，一年四季鲜花不断

↑ 雷科莱塔墓地内的艾薇塔墓碑前，吊唁者至今络绎不绝

塔的名字，还缀饰着她的浮雕肖像。此外便是她娘家人的姓名。我注意到，古铜色铭牌上艾薇塔的浮雕肖像，因被人们无数次抚摸而变得锃亮无比，熠熠闪光。流连于此的凭吊者中分别操有西班牙语、英语和德语，显然人们来自不同国家。只见凭吊者默默地伫立陵寝前，神色肃穆地将鲜花轻轻摆放在陵墓台阶前寄托哀思。

艾薇塔夫人身材婀娜、貌美如花，无论从铜牌浮雕肖像、还是从历史照片上看，她的颜值绝对爆表。人们如此喜爱她，与颜值取向颇有干系哦。

由于历史、时代和地理等原因，中国人对这位闻名于世的女性不够熟悉。不过您大约比较熟悉并喜爱乐曲《阿根廷，别为我哭泣》（Don't Cry For Me Argentina）吧？没错，它就是为纪念艾薇塔而创作的，是著名音乐剧《艾薇塔》的主题曲。

阿根廷的朋友说，每年的7月26日是艾薇塔的忌日，阿根廷人这一天都会放下手里的工作，采用各种方法来纪念这位非同寻常的女人。

2. "哀兵必胜"成就惊天大业

艾薇塔，这位年仅33岁就辞世了的前阿根廷总统夫人，尽管围绕她灵柩还发生过多起荒唐的故事，但从1952年以来的六十多年间，来自世界各地祭奠她的崇拜者们依然每天络绎不绝，陵寝前也终日鲜花不断。一个青年女性的国际声望何以高至如此？她为何会如此备受人民的拥戴？就让我们来认识她一下吧。

艾薇塔从小是一个受尽社会歧视的私生女，她能够成长为权倾阿根廷的前总统夫人，历经了人生的重大蜕变和涅槃。

艾薇塔的父亲是一位农场主，母亲是裁缝。但艾薇塔还在襁褓期间，她的这个不争气的父亲就抛下她们不顾，母亲胡安娜只得日夜不停地劳作将孩子带大。每当小艾薇塔在外受尽欺负哭泣着回家时，母亲总是告诫她："要勇于面对欺侮，自尊自强！"当她父亲去世时，母亲带着艾薇塔前往吊唁却被赶出教堂。面对屈辱的艾薇塔誓言："长大后一定要出人头地，干出一番事业来。"

15岁那年，艾薇塔追随一名流浪歌手前往首都布宜诺斯艾利斯谋生，但生活屡屡欺骗并抛弃着她。孑然一身的她只得一次次利用"爱情"寻求生计，并由此闯进娱乐圈。此后年轻而美貌的她，在娱乐圈的名声开始为上流社会所知晓。1943年6月，阿根廷发生军事政变，49岁的庇隆上校气宇轩昂地进军政坛，艾薇塔顿时成为他忠实的崇拜者。那年艾薇塔25岁，两人相互凝视，瞬间擦出爱情的火花。

如果这只是一个郎才女貌的老套故事，就未免流俗了。艾薇塔嫁给庇隆以后，一展惊人的"贤内助神功"，奇迹般地助夫一举成名。出生卑微的她深知普通百姓疾苦，且非常理解和支持丈夫彰显"平等自由"的"庇隆主义"。她不辞辛劳地陪伴丈夫全国巡回演讲，处处有效笼络大众，屡屡把中产阶级置于对立面，从而广博老百姓的欢心。这种"为广大人民群众谋福祉"的政治谋略，迅即在全国大获成功。后因时局混乱，庇隆身陷囹圄，艾薇塔探监时拉着丈夫的手坚毅地说："不要灰心，我坚信你一定能够成为阿根廷总统，成为拯救全国老百姓的英雄！"

↑ 艾薇塔墓前镌饰着的金属铭牌

在丈夫入狱期间，艾薇塔独自一人闯荡全国四处演讲，既为狱中的丈夫呐喊，更为未来政治前途而争取舆论的广泛支持。她毫不掩饰自己的卑微出身与黑暗过去，反将那段经历作为征服民心的有力武器。她最著名的一段演讲极具震撼力："你们的苦楚我尝试过，你们的贫困我经历过，庇隆救了我，更会救你们；庇隆一定会支持穷人，爱护穷人的。如果不是这样，他怎么会对我宠爱有加？"

艾薇塔的"哀兵必胜"大见成效，整个阿根廷到处爆发游行示威，人民走上街头要求当局立即释放庇隆。当庇隆终于走出监狱，说的第一句话就是："感谢艾薇塔，感谢人民！"

然而，等待着两人的道路并不平坦。1945年，庇隆正式向艾薇塔求婚后，两人乘车前往教堂举办婚礼的路上，遭遇袭击，幸而两人毫发无损。

1946年，庇隆终于登临总统宝座的那天，成千上万的民众聚集在总统府玫瑰宫前的五月广场。人民高呼"艾薇塔"的声音甚至超过了呼喊"庇隆"。

时年27岁的艾薇塔面对人民的呼声十分清醒。她挽着丈夫的手臂对着欢呼者说:"我只是一个普通的女人,一个协助庇隆拯救过黎民的女人。我所能做的,就是将庇隆与人民之间的心拉得更近!"

3. 英年早逝的"阿根廷玫瑰"

位居"第一夫人"后的艾薇塔,内心强大而境界高远,十分清晰自己的角色定位,潜心协助丈夫为社会作更多的奉献。无论是在慈善机构,还是在贫困社区,到处都能看到她的身影。她还适时地将目光转向国外。在对欧洲进行的外交访问"彩虹之旅"中,艾薇塔有效地帮助庇隆政权开创着外交新局面。此时的艾薇塔,工作激情极其高涨,她到处演讲,频频接访,致使身体屡屡透支。有次她在不到两天中竟作了七场公共演讲,最后走下讲台时,已经精疲力尽。1946年初,当庇隆如愿当选总统时,积劳成疾的艾薇塔却被诊断患有子宫癌。1952年7月26日,衰弱的艾薇塔终于走到生命的尽头。那时的她年仅33岁。

艾薇塔不幸逝世的消息传出后,整个阿根廷的节奏瞬间停止了。七十余万人涌向街头向她的灵柩行礼致哀。更有无数人悲怆地哭喊:"艾薇塔!艾薇塔!"为了扑上前去亲吻玻璃棺,壅塞的街头竟有16人因踩踏而丧生。

失去艾薇塔的庇隆,犹如失去执政的灵魂。1955年,庇隆政权被推翻,他本人也被流放长达18年之久。而这期间,反对派竟然将艾薇塔的灵柩几经藏匿,并用假名将其运往意大利一个不知名的墓地埋葬。直至20世纪70年代,艾薇塔的灵柩才重归故里,并被她的姐姐送进雷科莱塔公墓中的家族墓穴安葬。而她丈夫庇隆的遗体则被安葬在另外一个公墓。

4. 麦当娜趁势绝处逢生

半个多世纪过去了。艾薇塔灵柩前的凭吊者和鲜花依

←电影《艾薇塔》剧照（资料图片）

然不绝如缕。这些年中，不仅有纪念她的音乐剧《艾薇塔》从伦敦唱到纽约百老汇，多年来一直是百老汇剧院的常驻剧目；更有电影《艾薇塔》一举征服全世界的亿万观众。

　　在影片《艾薇塔》的拍摄中，美国著名歌星麦当娜的表现十分夺人眼球。当时麦当娜的社会名声比较负面，她此前拍过的电影几乎每一部都赔钱，她也陷入"电影毒药"的尴尬境地。她为担纲艾薇塔的角色不惜使出浑身解数，其作为令人难忘和感动。为了争取扮演艾薇塔这一角色，麦当娜一连写了四页信函游说打动导演；当终于获得角色后又闭门学习声乐达三个月。在录音棚里，麦当娜认真地录音四个多月，并充满耐心地对49段音乐录音合成长达四百多个小时。她的虔诚努力终获回报——阿根廷总统同意出借总统府玫瑰宫的二楼阳台供她实景拍摄。开机时，玫瑰宫前的五月广场聚集着群众演员四千余人，随着剧情深入，现场人潮汹涌澎湃，欢呼雀跃之声震耳欲聋，那种撼动天地欲狂欲癫的场景，至今仍能通过镜头感染着每一个观众。而电影《艾薇塔》的主题曲《阿根廷，别为我哭泣》，因其极为优美的旋律，荣获奥斯卡奖的"最佳电影歌曲奖"；而主角麦当娜由于在影片中将演唱和表演发挥到极致，更是夺得电影金球奖"音乐和喜剧最佳女主角奖"。

　　为了演好艾薇塔，这位来自美国的"大姐大"也是蛮拼的。■

三、格瓦拉，
游走于理想与幻灭之间

1. 理想社会主义模式的实验者

当车子飞快驶向距科尔多瓦市36公里外的卡洛斯·帕斯镇的狭窄公路时，友人突然指着道路右侧那片树林说："林子深处的那幢旧屋子，就是切·格瓦拉的诞生地。"

那里是一片绿得发黑的碧东茄林。高高的林木顶梢，遍布黑色的兀鹰巢穴。那树林是阿根廷政府为保护濒于灭绝的兀鹰，而于1996年建造的可布拉达德尔孔多里托国家保护区的边缘一角。我睁大眼睛，但见林子里影影绰绰地掩映着一幢小屋。飞速行进的车窗，将绿色的枝叶频频甩向那幢著名的小屋，还没等我看清楚，格瓦拉的出生之所，霎时就被甩到车后……

切·格瓦拉，一个响彻全球的名字。但他在阿根廷的本名为埃内斯托·格瓦拉。世人熟知的"切"（Che），原本是阿根廷的西班牙语口语而已，比如"Come estas, Che？"(你好吗，老兄？)，在阿根廷，"切"仅为口语的泛称。我在古巴时，听到几乎所有人提起格瓦拉时都喜欢简称他为"切"，大约就是这种亲切的口语习惯。

历史学者认为，埃内斯托·格瓦拉在阿根廷的童年时代，便显现出"只有特权才能支撑得起的挑战式的不守规矩"。格瓦拉曾经支持过庇隆的民族主义立场，抵制外国利益。1953年他通过医学考试后，和一个朋友骑着摩托车游历拉丁美洲时，目睹了美国中央情报局支持下的危地马拉政变。那次旅行经历刺激了他的政治立场。当1955年庇隆失势时，格瓦拉正和古巴革命者一起训练，当古巴同志用昵称

"切"呼唤着他时，他自然地答应着。而此时的阿根廷总统阿图罗·弗朗西斯刚刚抵达乌拉圭参加美洲外交会议。

近日读到美国历史学家布朗披露的史料令我一愣：1961年8月19日，在古巴夺得革命政权后，誓言要与资产阶级彻底斗争、声誉如日中天的革命家格瓦拉，却在这一天秘密潜回过他的祖国阿根廷，并在那天下午乘坐阿根廷总统弗朗西斯的专车，进入玫瑰宫，与这位政治上的敌人共进了晚餐。餐后，格瓦拉又秘密穿过布宜诺斯艾利斯的大街，探望了他那位生病的姨妈，并在夜色降临之时悄然离去。自此以后，格瓦拉再也没有回过自己的祖国阿根廷。

布朗还透露，当天晚上，一枚炸弹就在格瓦拉一个叔叔居住的公寓门前爆炸。他叔叔告诉记者，很幸运没能炸到他那位著名的侄子。

我有点后怕地想象，格瓦拉秘密回到自己出生的祖国，会晤当时被认定为头号敌人的弗朗西斯总统，他的行踪莫非已被泄露？否则炸弹何以飞来？

←切·格瓦拉，一个响彻全球的名字（古巴驻华使馆供图）

更为蹊跷的是，弗朗西斯总统那天对格瓦拉的会晤更像是一场"滑铁卢"——因为他给格瓦拉颁发了一枚勋章，导致五天后遭受反对派的无情弹劾，不得不黯然下台。

切·格瓦拉生命中后期较长一段时间奉献给了古巴。这位面容俊朗的英雄长时期地感召世界各国的一代又一代的热血青年。他的画像传遍全球。在地球的任何角落，都会有人亲切地叫出这位斜戴着黑色贝雷帽的美男子的名字。那幅传遍世界的格瓦拉的贝雷帽照片，是摄影师科尔达于1960年3月5日在追悼"库弗尔"号轮船遇难者的大会上为格瓦拉拍摄的。现在，这幅照片已经当之无愧地成为世界摄影史殿堂里的一幅不朽名作。

格瓦拉短暂的一生，既是一部悲剧，更是一部雄壮的英雄进行曲。用法国哲学家萨特的话说：他是"我们时代最纯粹的人！"

经过古巴政府长达30年的寻觅并与玻利维亚政府长期交涉，1997年7月12日，格瓦拉的遗骸终于被从玻利维亚一处军用机场的停机坪土层下挖掘出来。1997年10月17日，当格瓦拉魂归古巴时，古巴政府按照国家军人最高礼仪迎接了格瓦拉的灵柩。古巴国务委员会主席菲德尔·卡斯特罗宣布古巴全国举丧三天。在哈瓦那百万人参加的追悼会上，卡斯特罗赞颂格瓦拉："他是我们革命同志当中最为亲近、最受敬仰和最受爱戴的一位。毫无疑问，他也是我们革命同志当中最杰出的一位！"

如今，格瓦拉的灵柩埋葬在古巴中部的圣克拉拉市——那里是格瓦拉当年打游击、炸火车的战场。古巴政府为他建造了开阔恢宏的巨大陵园。圣克拉拉的市郊露天陈列着格瓦拉领导游击队炸毁巴蒂斯塔政府军运送军火的火车车厢残骸。

我自1999年以来去过古巴多次，直至2014年5月的第四次古巴之行才一偿参观格瓦拉陵园之愿。

在圣克拉拉郊外一处开阔之地，老远就瞥见高耸的格瓦拉纪念碑，其顶端是格瓦拉的一尊颇有气势的铜质雕像。只见格瓦拉右手持枪，左臂挂着三角绷带，身姿前倾，依然是一幅冲锋战士姿态。墓墙上装饰着风格粗犷的抽象浮雕，场面记录着格瓦拉和战友们的浴血奋战。

我仰视高耸的纪念碑，但见湛蓝天际下的碑体洁白无瑕，几缕白云在绿色的油棕叶尖淡淡地飘逸着，眼下的和平景象强烈衬映着几十年前的枪林弹雨。

观看安放格瓦拉灵柩的地下墓寝，需从纪念碑背后的坡下入内。在光线幽暗的地下空间，墙壁上不规则地凿有一个个的隔挡，逐一安放着格瓦拉和战友们的遗骨盒。

格瓦拉是一位备受尊崇的理想社会主义者。在20世纪60年代，全世界几乎所有激进的青年运动，都把格瓦拉作为效仿的精神偶像。1968年，在法国巴黎发生的著名大学生运动中，格瓦拉的画像是学生们经常高举着游行的最具感召力的一个图案。同年10月2日，墨西哥大学生在"三文化广场"游行时，队伍首当其冲的大幅画像上，也是格瓦拉。而在华盛顿、蒙特利尔、东京、孟买、伦敦和巴格达……数不清的抗议示威人群，无不把格瓦拉视为他们的最好的代言人。格瓦拉，已经成为抗议、示威的象征。

石剑锋于2007年9月21日在人民网发表的一篇网文，较为客观地概括了格瓦拉的世界性影响：当年最早的格瓦拉崇拜者也已经老去，但永远39岁的格瓦拉从未离开这个世界，他的身影不断出现在T恤、挎包、烟盒、影像之上，在世界每一个角落都可以看到他留下的身影，"切·格瓦拉"甚至成为一门有利可图的产业。我们喜欢这个遥远国度的男人，也许只是因为印有他头像的T恤过于频繁地在眼前晃过，只是因为有太多体育明星将他文在手臂上，只是因为电视上每一次集会抗议他都是"亲历"者，只是因为他免费代言了饮料、雪茄、伏特加……格瓦拉是革命者——我们中的大多数除了对他存有这模糊的概念之外一无所知，我们更多的是喜欢格瓦拉在场的生活方式，喜欢将他作为划分文艺青年、中产或者知识分子的标志之一，对他的革命本质并不关心，我们只需要这个象征符号，换言之，我们可以很酷地穿着格瓦拉T恤，但同时并不需要他。

↑ 作者在阿根廷总统府内的切·格瓦拉照片前（余袅摄）

格瓦拉不仅早已在生前实现了自己的人生价值，更在生后发挥出绝对会超乎他想象的、巨大无比的"社会附加值"。如果格瓦拉今日苏醒过来，他一定会不认识自己了！

2. 格瓦拉在中国是个褒贬不一的人物

说来奇怪，业已蜚声全球的格瓦拉，在中国居然长期是被口诛笔伐的"负面形象"。中国对他的评价，经历着由褒到贬，再到亦褒亦贬的过程。格瓦拉的思想在中国曾被批为"格瓦拉主义"，其依据多是他的"游击中心主义"或"游击中心论"。由于他在中国的形象不甚清晰乃至有些危险，社会上对他的了解当然少之又少。

数年前，我在古巴大使馆意外地发现了几幅当年毛泽

→1960年11月19日，毛泽东宴请格瓦拉（古巴驻华使馆供图）

→1960年11月19日，毛泽东、刘少奇、周恩来等与格瓦拉会谈（古巴驻华使馆供图）

东在宴会上与格瓦拉举杯的照片。那是格瓦拉在1960年11月访华时，被中国领导人奉为座上宾的镜头。我童年记忆中游行时呼喊"要古巴，不要美国佬"的场景，正发生在那个年代。其实，中国政府对格瓦拉的评价，起初都是褒扬。1963年，中共中央党刊全文刊登格瓦拉的理论文章《游击战争：一种手段》。新华社同时以《格瓦拉著文论游击战问题》为题，向全国刊发了这篇文章的详细摘要。《人民日报》和各大报立即转载。

熟料，在格瓦拉1967年英勇牺牲以后，处于"文革"中的中国竟然一改对他曾经的正面评价，转而180度地对他开展了猛烈的批判，说他搞"游击中心论"，直至持续达三十多年。

多年后，我读到新华社原副社长、中国第一代常驻古巴的新闻记者庞炳庵在2004年出版的《亲历古巴——一个中国驻外记者的手记。这位曾经不止一次地亲自采访过格瓦拉的中国老记者言辞恳切地大声疾呼："停止对格瓦拉的大批判吧！"

庞炳庵认为："在下个世纪，格瓦拉更会是一面人民的战斗旗帜。我们没有理由给他抹黑。"

中国社会科学院荣誉学部委员、拉丁美洲研究所研究员，中国研究拉美问题的权威专家徐世澄教授，早年在古巴留学时即与格瓦拉过从甚密，对他一直崇敬有加："不久前阿根廷一家电视台举行一场民意调查，评选20世纪最伟大的阿根廷人，格瓦拉以高于阿根廷国母庇隆夫人20%的选票列第一位，而阿根廷在拉美并不是个左翼国家，格瓦拉在拉美的影响可想而知。"

徐世澄教授认为："在这个花花世界，格瓦拉代表了一种美好的精神，纯洁并不断进取。随着时间的推移，我们反而会觉得，格瓦拉的精神越来越伟大。"

然而，当今中国对格瓦拉的舆情日趋多元，对格瓦拉的评价也分为不同的两面。

对他持否定立场的人认为，格瓦拉在古巴新政权中担任工业部部长和国家银行总裁，可以说基本掌握了古巴的经济命脉。然而，其一系列"左"的政策，让古巴百姓饱受其苦。

这方的观点指出，在经济领域，格瓦拉去除一切市场机制，实行高度的中央计划，每个企业都要在政府安排下进行生产，结果由于行政程序过于复杂，繁文缛节多得令人窒息，严重影响了工业生产。1963年的调查显示，有些生产计划需要经过二十多个行政部门审批才能进行。

同时，为了应对美国的经济制裁和封锁，格瓦拉想在古巴建设门类齐全的工业体系，他贸然将古巴经济命脉砂糖业大规模减少产量，把一半的甘蔗田烧毁，改建炼油、炼钢、发电、水泥等重工业，他不断从苏联和东欧采购各种机器，却不管国内是否需求，也不管古巴没有矿产，原油需要进口，甚至连专业人才也没有等情况……格瓦拉不切实际的折腾加上计划经济管理上的弊端，让古巴人付出了惨重代价。

否定他的人还认为，格瓦拉热衷于把古巴人改造成所谓的"新人"也难令人接受。

所谓新人，即按照格瓦拉自己所言，"必须彻底消除个人主义"，是"革命机器上的'有觉悟的、幸福的齿轮'"——首先，他在自己主管的部门里要求人们进行不领报酬的义务劳动；其次，为了避免工人消极怠工，设置"危害生产罪"对付缺勤的工人；再者，将下属的金表链捐给国家银行；更有甚者，格瓦拉要求人民道德生活无比"纯洁"，凡"行为不轨者"、"有违法倾向者"、"流浪者、无业游民"、留长头发的青年、听西方音乐的人、穿紧身裤的人、公开的信仰基督教的人……都会被

↑ 布市圣特尔莫街出售的
切·格瓦拉纪念品

视作违反了革命道德，一旦发现统统关进劳动营，关押这些违规人员的劳动营被称作"帮助生产的军事单位"。他们说，格瓦拉不但热衷于对古巴人进行精神改造，其"铁血政策"也让古巴人心惊胆战。

3. 奇特人格，造就非凡人生

切·格瓦拉于1928年6月14日出生于阿根廷一个中上层家庭。20岁那年，他毕业于布宜诺斯艾利斯国立大学医学系。1954年，他在墨西哥流亡期间，遇见了菲德尔·卡斯特罗。在卡的邀请下，参加了旨在夺取古巴政权的队伍。格瓦拉是这支队伍中唯一的外国人。当时允许他加入，皆因为他是医生。

1956年，卡斯特罗的部队驾驶"格拉玛"号轮船抵达古巴，从此开始了历时三年的反对富尔亨西奥·巴蒂斯塔的独裁政府的游击战。

游击队胜利后的1959年，格瓦拉被任命为卡斯特罗革命政府领导下的古巴国家银行行长。1960年11月19日，中共中央主席毛泽东会见了前来中国访问的格瓦拉。在中国政府为他举办的欢迎晚宴上，格瓦拉向毛泽东表达了他长期以来的敬意。他在中国期间，他的女儿阿柳莎出世了。而他在北京则成功地解决了古巴100万吨蔗糖向中国出口的问题。迄今还悬挂在古巴驻华大使馆墙上的毛泽东宴请格瓦拉的照片，就是这段历史的真实记录。

当格瓦拉到苏联访问时，赫鲁晓夫说："古巴将拥有它所需要的一切！"于是，格瓦拉用俄文说到古巴缺少生产除臭剂的某些原料，赫鲁晓夫惊讶地回道："除臭剂？你们过惯了过分舒适的生活！"不过，格瓦拉还是成功说服苏联购买了古巴300万吨蔗糖。

站在经济基础薄弱的古巴立场来看，社会主义的中国和苏联之间激烈的论战与冲突，着实令"小兄弟"格瓦拉忧心如焚。他向两国领导人进行游说：当务之急应该是左派团结起来，共同反对美帝国主义！毛泽东笑眯眯地回答他：中苏之间的论战要进行一万年。从而拒绝了他的调停。

←悬挂在古巴大使馆内的格
瓦拉画像（古巴驻华使馆
供图）

　　1961年，格瓦拉又被任命为古巴工业部的部长。这个部当时负责管理数百个被收归国有的企业。在其后的四年里，他以古巴大使的身份出访世界各国。

　　1960年8月8日的《时代》周刊，将格瓦拉登为封面人物。该杂志认为，"格瓦拉是介乎于赫鲁晓夫和毛泽东之间的人物"。菲德尔·卡斯特罗这次将格瓦拉作为大使派出，游历了全部社会主义国家，这是因为，在古巴所有官员之中，还没有哪一位能与格瓦拉的名声相比，也没有哪一位能像他这样引起国际新闻媒体的关注。

　　格瓦拉以他奇特的人格，为新生的古巴革命政权赢得共产主义阵营的国际支持。而在西方社会，格瓦拉也立即被媒体贴上"古巴的经济沙皇"、"卡斯特罗的幕后军师"等标签。

　　休·托马斯在《卡斯特罗与古巴》一书这样透露："正是由于格瓦拉在革命激情下的折腾与残忍使古巴人苦不堪言，从古巴革命胜利的那天起，就有大批人外逃。每天有两架飞机满载流亡者从哈瓦那飞往迈阿密。到了1961年3月，已经有10万人离开古巴，大多是去美国，但也有人到西班牙、墨西哥和南美的其他地方。中产阶级的古巴人以及许多工人也挤满了泛美航空公司开往迈阿密的飞机；熟练的专门人才就这样越来越多地离开了古巴。仅仅在1959至1962年这三年中，就有30万人逃离

↑ 1997年古巴政府将切·格瓦拉安葬在圣克拉拉市格瓦拉陵墓

古巴，希望离开的人占人口的1/10。切·格瓦拉1965年之所以辞去古巴的所有职务到刚果去打游击，恐怕与其治理古巴失败不无关系。"

1961年4月17日，美国策划并实施了吉隆滩入侵登陆，但立即遭到菲德尔调动的3000名士兵的痛剿，还有20万民兵接到命令，奔赴全国各地，阻击敌人的入侵。美国这批雇佣兵登陆之初，107人被击毙，1200人成为古巴军队的俘虏。而古巴方面则伤亡161人。后来，这批俘虏被用来换回价值5200万美元的药品和食品。

吉隆滩战役后，格瓦拉又前往拉美多个国家访问。所到之处，他无不是一颗耀眼的明星。但右倾而亲美的拉美地区，也因他的到访而频频出现政坛震荡。阿根廷总统和巴西总统都由于会见了格瓦拉而付出代价。前者因为给共产党人格瓦拉授勋而于五天后被推翻；后者也被同样借口而于七个月后被罢免。

结束访问回国后，格瓦拉继续工业部长的工作。他于1960至1963年间，致力于推广农业多样化政策，不主张过去单一的甘蔗种植，许多甘蔗田改种稻米和棉花。格瓦拉还每个周末都去参加义务劳动。这位工业部长对自己的工作并不满意："古巴革命犯了一些错误，其主要责任应该由我承担。这个错误就是，我们把98%的企业都收归国有了！"

据资料载，由于食物不足，卡斯特罗不得不在1962年3月12日宣布实行食品配给制，很多生活必需品如肉奶蛋米面等必须凭票才能买到。而在革命前，古巴是拉丁美洲四个最成功的经济体之一，从没有出现过食品匮乏的现象。一直到格瓦拉离开，古巴的糖产量和经济状况才有所好转。

1962年10月22日，美国总统肯尼迪宣布实施海上封锁，旨在阻止苏联的导弹。正当古巴的卡斯特罗和格瓦拉准备与美国决一死战之时，苏联却又单独与美国交换利益。卡斯特罗是从电台广播里才知道苏美两国的交易，为此他大发雷霆。这就是著名的"古巴导弹危机"事件。

针对格瓦拉此前说过的"我们的人民准备在原子弹下

牺牲自己的骨灰为新社会奠基"的话，苏联副总理米高扬如此安抚古巴："我们知道你们准备英勇就义，但我们考虑那样做不值得！"

美国从此遵守了不入侵古巴的承诺，但也制定了旨在"慢慢吸干古巴血液"的经济封锁政策。这一政策直至2015年总统奥巴马实施新政才有所改变。

1964年，格瓦拉再度踏上出访的征程。这次他出访时间达到三个多月，所去的国家包括苏联、美国和其他第三世界，特别是非洲的一些国家。在这次出访归来时，格瓦拉对"社会主义阵营"有了他并不愿意看到的，但又明确和肯定的看法。据阿根廷史学家豪尔赫·卡斯塔涅达在《红色的一生》中披露，格瓦拉痛苦地认为，"社会主义国家"在与西方国家的竞赛中失败了，其原因并不是由于他们接受了马克思列宁主义，而是因为他们背叛了和放弃了马克思列宁主义。

格瓦拉开始思索，自己为之奋斗的事业，其意义究竟在哪里？自己的崇高理想将如何延续和发展？

4. 令世界困惑的"出走谜团"

这些年来，不断流出的新资料，使人们重新审视格瓦拉的"另一面"。多国的出版物和媒体对著名的"格瓦拉出走"事件，以及就他与卡斯特罗之间的"不和"做出许多新的揣测和评论。阿根廷人费尔南多·迪耶戈·加西亚和奥斯卡·索拉主编的《切·格瓦拉》一书中，讲述格瓦拉就重新打游击而离开卡斯特罗的情节，这样分析道：格瓦拉压根就不是什么"出走"！

作者写道："格瓦拉决定让出他掌权的位子。他早已决定要离开古巴岛……"

当然，世界上也有历史学家不愿认同这一观点。他们认为，正是苏联对古巴政府事务的干预日趋强烈，使得格瓦拉执政时处处掣肘；他与卡斯特罗的政见之争，以及他对全球社会主义事业的失望，才是导致他辞职的主要原因。

他们说："格瓦拉决定重新走上打游击的道路，是得到菲德尔支持的。菲德尔知道，古巴的独立，完全取决于他们能否扩大其势力范围。对格瓦拉来说，这样做，他就有了'到世界最火热的地方'去战斗的机会。"

"这是格瓦拉的理论和实际生活的最佳结合，两者是一个统一体。虽然由于判断的失误、自相矛盾的行为以及不成熟的个性，使格瓦拉有时陷入乌托邦式的理想中，但是，他始终保持着行动和思想的统一……"

《切·格瓦拉》一书中透露，"最伤感也最动人的，是1965年格瓦拉写给菲德尔的著名的辞行信。这也许是他所写的最好的一封信。信中激动地回顾了他成为革命者的全部过程：'此时此刻，许多往事历历在目，我回忆起你邀请我参加你们队伍的时刻，回忆起在做所有准备工作时的非常紧张的情况。有一天，大家谈到，一旦我们蒙难，应该向谁通报。实际上存在的这种可能性使大家感到很震惊。后来，我们明白了，在革命过程中（只要是一场真正的革命），不是胜利，就是牺牲，这是毫无疑问的……'我再次说明，古巴对我不负有任何责任，只是古巴的榜样指引了我。在异国他乡，如果我到了临终的时刻，我脑海中最后想到的是对古巴人民，特别是对你的怀念……

"祝永远胜利。

"誓死保卫祖国！

"用全部革命热情拥抱你。"

书中写道："这封信充满了感情，展示了人与人之间最珍贵的友情。格瓦拉表露了他对菲德尔像弟子对大师一样的尊敬，并且承认是菲德尔造就了他。为了表示感激之情，他放弃了自己的职务、军衔、古巴国籍以及为之奋斗过的一切，其中包括自己的家庭。"

后面的故事，既为人们所熟悉，也成为困惑和感动全世界多年的谜团——

就在卡斯特罗把格瓦拉写给他的那封信公开以后，格瓦拉陷入空前的被动之中——这意味着他从此与古巴彻底脱离了关系。他既然已经宣布放弃在古巴的一切，重新返回古巴势必是否定自己。他再也无法回到哈瓦那自己那个美丽的家了。

从这以后，他在事实上已经成为一个没有国籍的革命者。

这位昨天还是古巴工业部部长的男子，摇身一变而成为浪迹非洲和拉美的、居无定所的流亡革命者。不过，格瓦拉的出走很快又因要服务于古巴政府输出革命的策略，而被加以利用。

1965年，格瓦拉离开古巴后，穿越非洲，最后参加了刚果的斗争。第二年，格瓦拉返回拉美并组建了一支游击队，旨在创造"20个新越南"。格瓦拉本人乔装前往玻利维亚。在与玻利维亚政府军周旋数月之后，1967年10月8日，格瓦拉在临近巴耶格兰德的村镇，因告密者出卖而被捕，后被巴里恩托斯总统下令处死。

2015年以来的中国网络舆情，对格瓦拉的负面评论观点尖锐且立场明确：真实的格瓦拉不值得膜拜！

评论认为：在古巴期间，格瓦拉在政坛的足迹遍布古巴政治、农业、财政和军事。与此同时，他形成了自己独立的和注重实效的游击战马克思主义。与卡斯特罗相比，格瓦拉并不害怕将他的理论置于政治之上。1965年，二人在对苏态度以及输出革命思想等问题上发生分歧，从此在政治上分道扬镳，结局是格瓦拉离开古巴。

长久以来，对格瓦拉的离去，人们都是一种褒扬的态度，称赞格瓦拉与卡斯特罗之间的关系为"放弃权力，保持友谊"。然而作为一个外来者，进入到这样的权力核心，其间的难处恐怕只有当事人自己才能体会。即使格瓦拉已经被卡斯特罗宣布为"生于古巴"，但他知道古巴人仍视格瓦拉为外国人。因而在现实中，对其个人野心设置了限制。古巴革命的胜利，只是格瓦拉式革命的一个部分，并非他革命的终结，也注定当这些权力斗争到来时他只能离开，放弃权力。

因此，他们认为，格瓦拉并非天生的革命者，虽然他的革命历程充满了激情，但其过于理想化的一面却总不能忽视。

人们引用格瓦拉《游击战争》一书，揭示他革命哲学的天然缺陷：他制订了一个组织农民进行卡斯特罗式革命的按部就班的计划，但却忽略了卡斯特罗在古巴实际上并没有创造一个农民革命。卡斯特罗革命胜利的转折点在于，城市中产阶级突然开始抛弃独裁政府，并且开始逃亡。在实践中，格瓦拉通过打破他最重要的基本准则而与他的理论谬误之处达成了和解。

这种观点导致对格瓦拉的牺牲，也被看作是格瓦拉自己性格缺陷的必然归宿。在玻利维亚，格瓦拉所犯的错误是不了解军队的能力，错误地判断了农民的情绪——农民们并不想革命。为了招募游击队员，格瓦拉不得不在街头雇佣士兵，并许诺以工作，然后威胁他们参加战斗。这样的"革命"，无异于作茧自缚。

5. 格瓦拉与"哈瓦那的孩子"

美丽的哈瓦那，
那里有我的家！
明媚的阳光照新屋，
门前开红花。
……

有资料说，这首歌曾深深拨动过格瓦拉的心弦。

这首名为《哈瓦那的孩子》的歌曲，从20世纪60年代初起即在中国脍炙人口，我一直以为它是一首古巴歌曲，它一直深刻地留在我童年的记忆中。

没想到，2007年10月，当我的古巴主题纪实文学新著《约会哈瓦那》出版，并于2008年3月13日在古巴驻华使

↑格瓦拉与卡斯特罗在哈瓦那群众集会上（古巴驻华使馆供图）

馆举办首发式后不久，应邀出席了首发式的我母亲的小学同学、八十多岁的周达宝阿姨突然从北京写信告诉我，这首歌并非源自古巴，而是地地道道的中国歌曲，它的词作者名叫木青，是中国的老作家。曾担任过人民文学出版社高级编辑的周阿姨说，木青早年恰好是她经常组稿的作者，后任沈阳市作家协会主席和沈阳市文联副主席。木青的著作很多，但代表作就是这首与著名作曲家李劫夫合写的歌曲《哈瓦那的孩子》。由于歌曲朗朗上口，内容为人喜爱，其流传海内外至今不衰。经周阿姨介绍，木青老人热情地从沈阳为我寄来信函，并赠送他新近出版的近作，他还告诉了我自己早年创作这首歌词的过程。

1966年初，37岁的格瓦拉流亡到非洲，匿身于古巴驻坦桑尼亚大使馆，在院内的一层小楼里隐居了三个月。他的身体和精神都得到一定的恢复和调整。他在这里修改了《革命战争回忆录》中有关刚果的一章。这一章迄今仍未出版。

值得注意的是，格瓦拉出走刚果打游击，从一开始就注定了其失败的宿命。因为刚果人对格瓦拉输出革命完全不感兴趣，对他的游击战术也基本不予理会。专家分析说，首先，格瓦拉等人在刚果连最起码的沟通都有问题，他们对格瓦拉的革命理论根本就不感兴趣。在刚果的游击队员和领袖看来，革命并不是要打倒什么帝国主义，只不过是要打倒现任政府领袖，争取他们的权利而已。甚至有些人认为他们的敌人就是白人；其次，刚果人对格瓦拉的游击训练也完全不做理会。格瓦拉想训练一下刚果战士，可是根本命令不动他们；最重要的是，这次他并没有像在古巴那样努力去"改善农民处境"。格瓦拉在刚果根本没有什么像样的政策纲领，而当时的刚果人也没有什么动力团结起来推翻现政权。因此，格瓦拉的这次革命尝试在当地基本上没有任何影响和效果。

在此期间，卡斯特罗多次来函，欢迎他回到古巴。他的妻子阿莱达也从古巴来到达累斯萨拉姆，劝说他返回古巴的家中："全家人都等着你呢！"

不过，古巴政府最后提出建议，仍是希望他继续远行。尽管这与卡斯特罗多次来函邀他回古巴的意思大相径庭，但聪明的格瓦拉完全懂得古巴当局的真实意图。他没有忘记卡斯特罗的嘱托：古巴的独立，完全取决于他们能否扩大其势力范围。他于是断然决定告别古巴大使馆，秘密前往布拉格，筹备在拉美开辟新的革命战场，扩大新的革命势力范围。

在布拉格，格瓦拉在只有一个房间的公寓套房里，并在两个战友的轮流保护下，秘密居住了三个月。此间，保护他的两位战友，正分别往返于玻利维亚与捷克斯洛伐克之间，为格瓦拉即将到玻利维亚领导新的革命活动，进行着紧张的准备。

在布拉格隐居了一段时间以后，格瓦拉准备启程前往玻利维亚。启程前，他在卡斯特罗的安排下，终于还是悄悄返回过哈瓦那。他没有看望自己的妻儿，也没有回到自己的家，而是隐居在西方省的比纳尔德里奥，锻炼身体，准备再次出征。

格瓦拉曾经在题为《创造一个、两个、三个和许多个越南》的著名讲话中这样说过："要到敌人正在打仗的地方去打仗；要打到他们的家里，打到他们寻欢作乐的地方，要全面地展开战斗。"他用自己的热血和生命，践行着自己的诺言。

专家认为，1966年，格瓦拉重新把视野拉回拉美，他想在玻利维亚大展身手。他认为，玻利维亚将会拥有广泛的群众基础，农民和矿工将会声援他领导的游击队，他的游击队也能与当地战士打成一片。然而，由于他一心想掌控游击队的军事领导权，导致他与玻共领导人闹翻，失去了在此立足的群众基础，最终致其失败身亡。

再度出征的时候到了。

化名为乌拉圭商人"拉蒙"的格瓦拉，用伪造的护照准备潜入玻利维亚。护照上的他，是一个秃顶的、戴着眼镜的、西装革履的精明商人的形象。

离开哈瓦那的那个晚上，当是格瓦拉最为动情的时刻。他必须要强忍感情的煎熬，眼睁睁地与自己心爱的、幼小的儿女惜别。当孩子一个个被领到身边后，他却不敢让孩子知道自己就是父亲——

由于他装上了假牙，刮成了秃顶，浑身上下已是非常逼真的全副伪装，年幼的孩子在夜色朦胧之中，哪会辨认得出，眼前这位自称是远房舅舅的"拉蒙"，竟然是自己朝思暮想的亲爱老爹！

格瓦拉遏制住感情上的悲恸，蹲下身与年幼的孩子们一一吻别拥抱。而孩子们也逐一吻着这位素无来往的"远房舅舅"，平淡地什么话也没有说出来。

后来，幼子们长大并终于获知真相：那天晚上自己漫不经心的"舅舅之吻"，竟是与爸爸所作的此生最后一次"生死之吻"！孩子们一个个痛不欲生，时时追念令自己痛惜此生的那一幕。

"当年父亲吻别你时的场景，你还有印象吗？"

2012年9月7日，我受邀去北京三影堂，与前来中国举办《格瓦拉摄影作品展览》的格瓦拉之子卡米诺·格瓦拉面晤时，特别向他提出这个问题。

↑2012年9月7日，作者（左）在北京与格瓦拉之子卡米诺·格瓦拉（右）面晤，中为古巴驻华大使白诗德（古巴驻华使馆人员摄）

"完全不记得了！"卡米诺·格瓦拉回答："那时的我只有5岁。"

卡米诺·格瓦拉告诉我，50年来，父亲的身影一直激励着他。通过研究父亲，他发现父亲很注重研究中国的革命历史和经验。"中国对父亲产生了积极的影响。"

卡米诺·格瓦拉的话，让我又一次地想起在古巴大使馆看到的，格瓦拉和中国领导人亲密相处的照片。

曾有资料描述格瓦拉与古巴的别离场景——1965年，在最后离别古巴之前，格瓦拉和战友卡斯特罗共进了晚餐。天快亮时，他昂首去了机场。而卡斯特罗则将阴郁的目光投向门外，注视着稍纵即逝的熟悉背影。完全无法入睡的卡斯特罗，一直坐候着这架飞机起飞时刻的来临。

亲手导演了这一场"输出革命"斗争计划的卡斯特罗，此时是否会有预感？被他亲手送出的、情比兄弟的切·格瓦拉，今晚一去，从此竟会阴阳两隔！

6. 理想幻灭的那一刻

1966年11月3日，格瓦拉以美洲组织观察员的身份，顺利地进入了玻利维亚。

从1966年11月7日起，格瓦拉开始在一本红色笔记本

→格瓦拉与卡斯特罗（古巴驻华使馆供图）

上写着日记。他记述着自己率领着27名游击队员，在玻利维亚政府军的重重包围下，如何顽强地进行着斗争。这支新到达玻利维亚的游击队，在最开始的几天中，先后打死政府军18人，打伤20余人，缴获了不少武器。不过，很快就有3个玻利维亚人从游击队中开了小差，同时泄露领导他们的"拉蒙"正是大名鼎鼎的切·格瓦拉少校。

玻利维亚政府军获悉这一情报后，没有立即公布，政府唯恐格瓦拉的崇拜者知道了以后，会有更多的人来投奔格瓦拉这竿冲天大旗。但政府军从此暗中加强了军事力量，重点对这支游击队的侦察和围剿。

半年过去了。游击队的处境开始变得越来越糟。特别是当又一名队员布斯托斯被捕后不仅立即叛变，他甚至还为政府军画出格瓦拉和所有游击队队员的素描头像。在美国中央情报局的帮助下，玻利维亚总统巴里恩托斯决定派重兵围剿格瓦拉，以便在这支成立仅一年的游击队在玻利维亚的高地地区脚跟尚未站稳之际，就把他们彻底消灭。

当今中国网络观点活跃。最新出炉的史料分析认为，格瓦拉在玻利维亚的失败，一直得不到玻利维亚人民支持是最大原因。格瓦拉的行动与该国人民完全脱节，始终困在孤立封闭的圈子里行动。这些网文说，格瓦拉放着古巴高官不做，重新拾起枪到刚果和玻利维亚去打游击，一直被无数青年人视为英雄之举。然而事实是，"当地的老百姓没有理会他澎湃的革命激情，他们并不需要切的游击"。

因为与玻共闹翻，格瓦拉的游击队根本无法赢得当地民众的信任，更谈不上发动群众。同时他们也失去了一切援助，无法得到战斗所必需的武器、药品和食品。不但如此，此次格瓦拉的游击队规模比古巴革命时要小得多，最多时才不过50人，而且完全封闭在训练基地中，基本不与玻利维亚老百姓交往。因此后来在战斗所到之处，几乎所有人都将他们当作敌人。格瓦拉最终也是因为当地人的出卖被政府军围困在峡谷中被俘身死的。

1967年10月8日，格瓦拉在前往优罗峡谷的途中，遭到一名农民告密。数百名政府军在加里·普拉多·萨尔蒙上尉的指挥下，立即包围了格瓦拉的队伍，并击中格瓦拉的右小腿。他不幸落入敌人的魔掌。

玻利维亚政府和美国中央情报局对格瓦拉恨之入骨，决定立即杀害他。1967年10月9日中午13时10分，政府军士官马里奥·特兰，奉命走进关押格瓦拉的那所小学教室里。对着靠墙坐在地上的格瓦拉，连续开了数枪。

格瓦拉就义时年仅39岁。

当天下午，格瓦拉的遗体被政府军用帆布包裹起来，捆绑在直升机的滑橇上，送往瓦耶格朗德。在当地的马尔塔圣心医院洗衣房的水槽里，两名男子和一名护士对格瓦拉的尸体进行了冲洗，剪短了他的头发，并为他整了容，目的是为了让民众

↑2015年4月，玻利维亚驻华大使吉列尔莫·恰卢普·连多少将（左）以朋友身份到武汉作者家中作客（余胄摄）

↑一位女士瞻仰位于古巴圣克拉拉市的切·格瓦拉陵墓

认出他来。他的尸体被注射进去甲醛之后，开始向民众展示，当局希望以儆效尤。

然而，遗体展示的直接社会效应，是让玻利维亚民众争相瞻仰，格瓦拉死后的神情依然安详而神圣。一生紧张万分的格瓦拉，脸上的线条死后才彻底松弛了下来。这张遗照使我联想到了伦勃朗名画《蒂尔普医生的解剖课》中安详的逝者，还有小霍尔拜因名画《基督蒙难图》中圣洁的基督。

我到过阿根廷科尔多瓦的格瓦拉出生地卡洛斯·帕斯镇，也去过古巴圣克拉拉市安放格瓦拉的纪念陵园；还想去的，就是玻利维亚的格瓦拉殉难地。

2015年4月，玻利维亚驻华大使吉列尔莫·恰卢普·连多少将携儿子以朋友身份来武汉我的家中做客。大使热情表示要帮助我实现去玻利维亚采访的愿望。我们开始制订计划，抵玻后尽快找到格瓦拉生命最后的归属优罗峡谷，以及马尔塔圣心医院洗衣房。"洗衣房里那只盛放过格瓦拉遗体的水槽，已经变成一个景点了呢。"连多大使这样说明。

7. 争议影片《切·格瓦拉》

在拉美的电影市场，巴西和墨西哥的影片数量居高不下；阿根廷影片艺术质量优异，国际美誉度很高，但数量一直屈居第三。在第82届奥斯卡金像奖颁奖典礼上，阿根廷影片《眼中的秘密》获得最佳外语片奖。

此外，2008年拍摄完成，并在古巴和戛纳上映过的传记影片《切·格瓦拉》，也享有盛名。

《切·格瓦拉》的导演史蒂文·索德伯格坦言，他筹拍这部影片十分不易，"首先难以说服投资人，因为它需要的投资不小"。直至拍出成品后，发现剪出的片子居然长达4个小时，"显然难得有人有如此耐心坐下看完。"最后导演妥协的办法是，将影片剪成上下两部，上部为格瓦拉的生平，下部名为《游击队》。本尼西奥·德尔·托罗扮演的格瓦拉受到所有观众的赞赏。该片在古巴和法国的戛纳电影节上映时，均为上下两集的完整版《Che》（切），时长257分钟。

阿根廷的这位著名导演透露，拍摄之初，古巴政府曾经警告摄制组：如果影片中出现任何攻击菲德尔·卡斯特罗的情节，本片将在古巴禁映。好在后来这个极端状况并未出现。

导演说，主角菲德尔·卡斯特罗的扮演者是墨西哥籍新生代演员德米安·比齐尔。"他看过很多卡斯特罗的资料，深刻了解这位领袖的气质，最后片子的效果非常好，简直与卡斯特罗合为一体，得到观众的广泛认同。"但是，古巴共产党机关报《格拉玛报》在大赞格瓦拉的扮演者演技高超的同时，却对菲德尔·卡斯特罗的扮演者德米安·比齐尔提出了批评，认为他扮演的卡斯特罗"缺乏深度和魅力"。■

←哈瓦那革命广场的切·格瓦拉铁线雕塑

四、何塞·马蒂，
留在总统府的微笑

José Julián Martí Pérez
La Habana, Cuba, 1853 – Dos Ríos, Cuba, 1895
"Vale más un minuto de pie que una vida de rodillas"

↑ 总统府墙上的何塞·马蒂
画像

在阿根廷总统府墙面悬挂着的伟人群像中，还有一位民族主义英雄何塞·马蒂。画像中的他，仿佛正用略显讥讽的微笑注目着世人。

何塞·马蒂是古巴的民族英雄，在整个拉美也是堪与圣马丁、玻利瓦尔、格瓦拉相齐名的历史人物。当古巴长达50多年与美国完全对立的意识形态之争中，何塞·马蒂是古美双方唯一没有争议的人物。

何塞·马蒂之于古巴和拉美，其全部意义在于象征着"爱国主义"。而"爱国主义"，又是拉美所有国家维系国体的利器。因此，何塞·马蒂成为迄今古巴对立的左右两派都能够接受，并都奉为精神圭臬的政治偶像。

在墨西哥湾对面的美国迈阿密，反卡斯特罗政权的古巴裔右翼组织的电台和电视台，就是以何塞·马蒂来命名；而在古巴本岛，外国人一下飞机，双脚踏入的机场就叫"何塞·马蒂国际机场"。在哈瓦那市中心革命广场看到最高的白色纪念碑，就是何塞·马蒂纪念碑。而全国任何角落，即便是最小的村庄，它的主要广场上，也会置放着马蒂的半身塑像。何塞·马蒂的画像，在古巴任何家庭都能看到——他当之无愧地成为在全体古巴人民精神偶像。

何塞·马蒂是一百多年前的民族英雄，格瓦拉则是人们记忆犹新的现代爱国者。两者的区别，主要为个人所处时代的差异，但在爱国主义的英雄性质上则完全一致。马蒂出生于1853年，17岁时就因写颠覆信而被判做六个月的苦力，并被流放到西班牙，从此开始了一连串的流亡生涯。他的一生大部分时间在流亡中度过。大赦之后，他怀着两个目标流亡到法国，试图完成解决国家独立和经济困难的途径，以及令西班牙殖民者和其后的美国不再染指古巴。1892年，何塞·马蒂成立了古巴革命党。三年后，他率领古巴革命党再次掀起独立斗争的风暴。这位"古铜色巨人"与革命党的几百名支持者一起，隐藏在奥连特省的山区，又从东部转战比那尔德里奥省，与敌人展开英勇斗争，其间共进行过九百多次战役。1895年5月19日，他怀揣着女儿的照片饮弹身亡。他的四个兄弟也都牺牲。

何塞·马蒂习惯身着深黑色礼服，打着领结，蓄着标志性的、修剪得整整齐齐的小胡须。今天的古巴，随处可见的马蒂画像或塑像，均展示着这一经典的形象。我第一次去古巴时，华裔画家吴帝胄先生曾赠送给我一幅他创作的素描作品，画面用中文写着《马的》（马蒂），这是他亲手绘制的马蒂肖像，那瘦削的脸颊上，一撇黑色的八字胡须格外醒目。第二次再去古巴时得知，这位吴先生已经过世了。

1895年，古巴的第二次独立战争在这位理论家何塞·马蒂的领导下打响。马蒂将早期的社会公正思想引入独立运动之中。这种独立运动，不仅是为了摆脱西班牙的殖民统治，更是要消灭财产分配不公和种族歧视。

马蒂的这一政治理念，对于今日的古巴依然具有重大的现实意义——它是集聚人民斗志的传统精神动力，以对外用于抵御美国的侵略和封锁；对内谋求社会的公正和福祉。因此，今天古巴的国家政权依然把国家核心指导思想定位马蒂思想与马列主义两者相提并论，等量齐观地视为古巴社会主义制度的指导思想体系。坚持马列主义和坚持马蒂思想，在古巴共产党的政治立场中，是并驾齐驱、并行不悖的两驾马车。

我对何塞·马蒂有着特殊感情。2001年，我获得古巴政府颁发的"古巴何塞·马蒂文化协会荣誉会员"的称号，"何塞·马蒂"这个符号从此把我与古巴更加紧密地连接在一起。2014年5月，我在哈瓦那访问期间，特地拜访了久仰的何塞·马蒂文化协会，并向该协会负责人赠送了两本我写的、与何塞·马蒂有关的著作。■

↑↓ 2001年4月16日，古巴何塞·马蒂文化协会为作者颁发荣誉会员证书

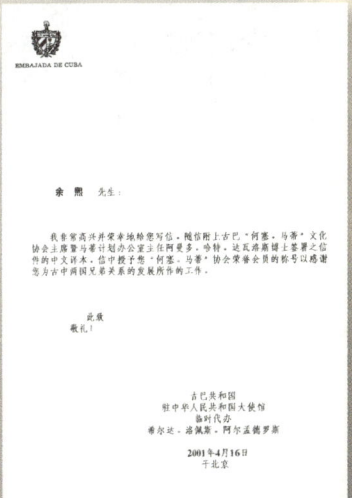

五、博尔赫斯，
无缘诺奖的大作家

豪尔赫·路易斯·博尔赫斯

阿根廷已有五位自然科学家荣获过诺贝尔奖。但他们的名气可能都比不上一位与诺奖擦肩而过的文学家——豪尔赫·路易斯·博尔赫斯。

博尔赫斯才华出众，学识超群。他是在诗歌、小说、散文和文艺理论上卓有建树的文学大师。其声誉冠盖全球，他本人也成为现代阿根廷文化的符号性人物。

博尔赫斯1899年出生于布宜诺斯艾利斯的一个知识分子家庭，很小便显露出强烈的创作愿望和文学才华。7岁时，他用英文缩写了一篇希腊神话。8岁的他就天才地写出第一个剧本《贝尔纳多·德尔·卡尔比奥》。同年还根据《堂吉诃德》，用西班牙文写了一篇叫做《致命的护眼罩》的故事。9岁的他，将英国著名作家王尔德的《小王子》译成西班牙文，署名豪尔赫·博尔赫斯，发表在布宜诺斯艾利斯《国家报》上，其译笔之成熟，竟被认为出自其父手笔。至此，作家初尝读书、写书的乐趣，经历了初步的文学训练。成年以后，他以《博尔赫斯诗选》、《布宜诺斯艾利斯的激情》、《前面的月亮》、《圣马丁札记》、《影子赞》、《深沉的玫瑰》、《密谋者》等备受社会推崇。特别是他的小说《世界罪行史》、《虚构》等，彰显出他的文学创作风格，那就是认为世界就是一座迷宫。

中国社会科学院研究员宋晓平在《阿根廷》中评价道，博尔赫斯的作品中，"既有怀疑主义和不可知的成分，又有一切都包含着变化的辩证思想。他善于在抒情时融汇思想和理性思维，因而作品大多充满新奇、生动的比喻和丰富的想象力，内容深奥复杂，充满哲理"。

难得的是，博尔赫斯对遥远的东方文化情有独钟，尤

其喜爱中国文化。博尔赫斯博览过一百多种英译本的中国著作。他创作的小说《小径分叉的花园》，讲述了第一次世界大战中，一个名叫俞琛的中国青年为德国搜集情报的几经坎坷的故事。

1999年11月，中国浙江文艺出版社在阿根廷埃梅塞出版社1996年出版的四卷本《博尔赫斯全集》基础上，翻译出版了中文版的《博尔赫斯全集》，全书共2742页，是博尔赫斯作品最大规模的中文译本。全集收入博尔赫斯的三十个文集，分小说一卷、诗歌和散文各两卷。全集出版以后，有痴迷的中国读者这样评价："博尔赫斯带给我的是无穷无尽的梦魇。这并非是说，他杰出的写作才华令我望而却步，虽然这是铁的事实，但更令我痛苦的是，我没有办法去描述他，我连这样的能力都没有。阅读博尔赫斯，令我快乐地绝望。"

博尔赫斯曾任阿根廷文学院院士和阿根廷国立图书馆馆长，并任布宜诺斯艾利斯大学哲学系和文学系的教授。以他在文学上的贡献和影响力，他获得诺贝尔文学奖似乎不应有什么悬念。但是，直至他1986年逝世，87岁的博尔赫斯都一直与诺奖无缘。知情人说，他的政治立场是重要的阻碍。

原来，博尔赫斯不仅钟情于文学，对政治也很投入。"二战"期间，他强烈谴责纳粹德国。1946年纳粹垮台后，他在几份反法西斯的宣言上签名，竟然受到新上台庇隆政府的不满和监视。1973年，当庇隆再次执政时，博尔赫斯在美国《新闻周刊》撰文严厉批评庇隆的政策。庇隆下台后，他立即自然地站在推翻庇隆的新上台军人政府一边。这种政治上选边站、一边倒的做法，严重妨碍了博尔赫斯的政治客观性。由于他接受了军政府皮诺切特总统颁发的"奥西金斯大十字勋章"，而皮诺切特总统的独裁在世界上享有恶名，这使博尔赫斯也倍受连累。他随之又反转为受世界反独裁政权力量的广泛抵制，其中最为引人注目的，是瑞典文学院院士阿瑟·伦德维克斯特发表的声明："博尔赫斯为此将永远失去获得诺贝尔文学奖的资格！"

说来，这便是诺奖与政治之间的微妙关系，尽管诺奖评委一向声称政治不是唯一的价值取向。从另一个方面看，一个作家如果与政治纠缠得太深，他很可能会被政治"玩死"。

耐人寻味的是，博尔赫斯的感情一度充分投向反对庇隆政府的军人政权，但他又很快看清军政府残暴的本质。1980年，他在接受阿根廷新闻媒体采访时，开始强烈谴责军政府的政治迫害行为。1981年，他又对罗马天主教皇体制提出尖锐批评。尽管这也为博尔赫斯赢得不少积极的社会反响，但他的政治影响力始终逊色于他的文学贡献。■

六、季诺，漫画女孩
《玛法达》之父

↑ 布市圣特尔莫街出售的季诺漫画女孩"玛法达"造型玩偶

说起漫画，世界各国都有为数众多的高手名家。但阿根廷文化将季诺的漫画视为国家瑰宝，这样重视漫画的国度并不多见。

要说季诺漫画，我得先说说布宜诺斯艾利斯的地铁站。这座城市共四条地铁，最早的1号线，始建于1913年，是整个拉美大陆兴建的第一条地铁。1号线的起始站设在玫瑰宫五月广场。我沿着狭窄的步梯走下通道，立即可见长长的白墙上，全是阿根廷漫画大师季诺的系列漫画《玛法达》。

这些烧制于瓷砖上的季诺漫画，线条流畅简洁，形象明快幽默，虽然只是单色线描，依然格外夺人眼球。乘客上下车经过这里，目光都可被画面智慧的火花所吸引，并被逗得发出会心的微笑。友人告诉我，季诺漫画在地铁站里已保存达50年，因时代久远，色泽有些晦暗，但画面的形象与线条均完整无缺，且没遭遇任何物品的覆盖遮挡和污染。发现这一细节后我有些惊讶：每天上上下下的乘客该有多少！但人们就是这么爱惜它，足见艺术在这个国家被怎样尊重和爱戴。

季诺的本名为霍金·萨尔瓦多·拉伐多·泰洪，1932年7月17日出生于阿根廷的门多萨。在季诺小学毕业之际，母亲去世，他此时进入了美术学校，3年后，他的父亲又离世了。命运多舛的季诺没有放弃对生命意义的寻觅与追求，决定离开美术学校去当一名幽默画家。1951年，季诺来到首都布宜诺斯艾利斯，起初他奔走于各家出版社推介自己的作品，但多被婉拒；终于，他与布市一家平面媒体取得联系，并在《这是》周刊发表了第一页无字连环漫画，接着又在《看和念》杂志等媒体上不断发表作品，他一生最幸福的时刻总算到来。

我家人都爱漫画，因此家里收藏了不少世界著名漫画家的画集，其中包括上海译林出版社出版的"世界幽默大师丛书"中的《季诺漫画全集》，内有系列漫画《玛

 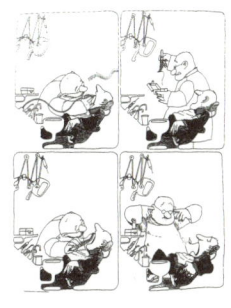  

↑ 季诺漫画《玛法达》　↑ 季诺的漫画《蒙古　↑ 季诺漫画主角"玛　↑ 季诺漫画主角"玛法达"
　　　　　　　　　　　　大夫》　　　　　　　法达"形象的围裙　　的故事壁画

法达》、《蒙古大夫》和《两性之间》。

　　《玛法达》是季诺于1964年9月29日在布市的《特写》周刊发表的系列连环漫画。次年他又在《世界报》开辟了《玛法达》连载漫画专栏。1968年，《玛法达》以6种文版出了单行本，从此世界各地都能见到季诺塑造的女孩"玛法达"及其小伙伴的形象。

　　"玛法达"是一个出生于普通家庭小女孩的角色，她爱憎分明，好争辩，爱思考，有正义感，关心周遭一切事务，既天真又狡黠，很逗人喜爱。她还有一个恨喝汤的怪癖。在玛法达周围，总有一群十分有趣可爱的小伙伴。季诺借小主角玛法达之口，阐发自己的观点，因此评论界说此书"不只是给孩子看的书"。

　　《蒙古大夫》和《两性之间》则以诙谐的手法放大透视了人性中的幽微之处，取材于寻常中求奇诡，常能让人在会心一笑的同时，对生活的哲理和趣味有新的领悟。

　　除了季诺，阿根廷还有与之齐名的大漫画家，比如享有"国宝级大师"之誉的漫画家吉勒摩·莫迪洛，就以漫画《大力水手》而赢得世界各国孩子们的喜爱。

　　《大力水手》在中国也很知名。漫画家莫迪洛塑造的大力水手形象幽默夸张，让人一见便乐不可支。但现实生活中的作者既不抽烟，也不喝酒，更不擅长讲笑话，就是一个枯燥古板甚至有点呆滞的小老头儿。起初这位漫画家事业的发展受阻，后来他通过自己的实力终于寻求到发展机遇。1963年9月19日，时年29岁的莫迪洛冒着瓢泼大雨抵达向往已久的巴黎。当时他一句法语也不懂，一个人也不认识，但他硬着头皮带着准备送去英格兰展出的幽默明信片，找到巴黎专门出版这类画片的米克麦克斯出版社。编辑们看了他的作品后十分欣赏，立即就聘用了他。从他抵达巴黎算起总共不到24小时，他就以自己的艺术在巴黎找到了立足之地。

　　阿根廷还有一位漫画家卡洛伊，原名为卡洛斯·努瓦索的，也很知名。他从17岁便开始发表作品，所创作的漫画造型具有非凡的想象力，画面常常沉浸在一种超现实主义的幻觉中。他的漫画作品流传到了很多国家，其中一些作品的原作和复制品在美国、瑞士、法国等国的博物馆陈列。■

七、探戈和"探戈之王"加德尔

↑"探戈之王"加德尔（资料图片）

1. 探戈，阿根廷称誉世界的名片

中国人提起探戈，就会想到一对对衣着光鲜、身姿优雅的男女，随着抑扬顿挫的音乐节奏，开始令人眼花缭乱、绚烂多姿的舞蹈；而阿根廷人提及探戈，多会深情推介他们尊敬的"探戈之王"加德尔。

探戈与一般舞蹈不同，著名的"探戈定位"规定男女组合时身体必须接触。女方身着一侧高开衩的长裙，腿部甩动幅度很大，以便划出优美弧线。探戈的舞姿变幻无穷，时而激越，时而哀婉，时而狂放，时而优雅。探戈的乐曲更是迷人，独特的旋律和节奏，或如泣如诉，或感时伤怀，乐音配合舞姿，足以把人带入拉美热情似火的艺术氛围。

探戈在阿根廷，就像流行歌曲在中国一样普及。只是虽然人人知晓，但并非人人会跳。我在布宜诺斯艾利斯期间，为了对探戈深入了解，特地前往不同层次的演出场合

→布市圣特尔莫街头，随时可见这样的探戈表演

探究。在两次阿根廷之旅中，我都去过布市最知名的两家探戈舞厅剧院——圣特尔莫的"老店"和"探戈先生"；我又被友人热情相约去了只有市民才去的平民舞厅一睹风采并试跳一把，更在街头看过不少随机的表演。这样既能了解专业演员为外国客人所做的正统表演，也能感受没有功利束缚的市民自娱自乐，更能体会以讨钱为目的的街头献艺特色。这些场合迥异的探戈表演，着实帮助我加深理解探戈那酣畅淋漓的艺术魅力。

发轫于非洲，流行于阿根廷的探戈艺术，在拉普拉塔流域流传久远，是这一流域文明的特色体现。

最早的探戈，诞生于布市的老城区、足球摇篮博卡区。甚至有资料说，探戈于1867年诞生于布市博卡码头的卡米尼托街。

博卡在百年前是布市的老港口，外来移民从这里登陆阿根廷大陆，而初踏上这片国土的欧洲和非洲社会底层的移民，来后通常举目无亲，他们会百般无奈地在这里举家蛰伏居住一段时间，他们所带来的不同地区的民族文化，便有机会首先在这里得以显露和展示。特别是欧洲新移民每晚为了解脱劳顿，会聚集在小酒馆里饮酒作乐，跳舞也是普遍的娱乐形式。他们的舞蹈分为安塔露西亚、萨苏埃拉、坎东贝、马萨卡亚等，久而久之，这些从各个不同国家带来的舞蹈样式，就渐渐被融合成为一种新的形态——探戈。

起初的探戈，多以切分音为特征，它们既有高乔人的彪悍，又有南欧人的浪漫，穿梭游弋于酒吧之间的舞女们，更为这种混合形成的舞姿赋予一种放浪形骸的特色。所以，作家博尔赫斯说："探戈始兴于妓院"。

正是这种"卑微低贱"的"出身"，令探戈在很长时间不被主流社会所接受，大凡正规剧院多不允许探戈登上舞台。许多阿根廷人也不许子女学跳探戈。这一状况直至1906年，因探戈艺术代表人物比拉尔将其带到法国并在巴黎备受欢迎，它的命运才开始慢慢得到改变。20世纪20年代，有不少诗人和作家开始以探戈为题材进行创作，音乐家为探戈谱曲，探戈的艺术品位渐渐得到提升，演化成一种雅俗共赏的艺术样式，并逐渐步入中产阶级家庭。

↑ 探戈艺术绚丽多姿

2．"探戈之王"加德尔

说起阿根廷的探戈，人们常会提及一位舞神，他就是"探戈之王"卡洛斯·加德尔。

加德尔1890年生于法国，1893年随母亲来到阿根廷，童年在阿巴斯托的集市区度过。他最初只演唱民歌而非跳探戈。1921年，加德尔在布市皇家剧院首次公开演唱了探戈舞曲；1925年开始独唱探戈曲。

加德尔是家喻户晓的探戈高手。他集探戈词曲作家、歌手和舞蹈大师于一身，为阿根廷的探戈艺术赢得广泛国际声誉。12月11日他生日的这天，被阿根廷政府定为全国"探戈日"。1934年，他在巡演途中因飞机失事不幸遇难。

鉴于探戈是阿根廷的国粹，为了保护和促进探戈艺术的发展，阿根廷国会于1996年通过了第24684号《探戈法》。这项法律规定，探戈为阿根廷的国家文化遗产，一切宣传和推广通过艺术的活动都将"代表国家利益"。已经离世的加德尔的个人形象，也成为受政府保护的"探戈之王"。

↓探戈舞台分上下两层，互动频繁

3. 三类探戈表演场合的异同

布宜诺斯艾利斯有专门的探戈剧院。最知名的为圣特尔莫的"老店"和"探戈先生"等。我在这两家剧院欣赏过精彩的表演，感悟到阿根廷最正宗和最正统的探戈之美。

↑ 布市市民探戈舞厅，因其大众化而备受欢迎

这些剧院的外观与普通大型戏院无异，但座席须提前数天预定。客人入座后，侍者会彬彬有礼地送上优质红白葡萄酒和香喷喷的阿根廷烤牛肉。虽是观看探戈，但观众全都衣冠楚楚。大家边品酒边欣赏，一场津津有味的视觉和味蕾共有的盛宴，至少两个小时。

两家剧院里表演的探戈给我留有三个印象：一是舞台居然分为上下两层，还可上下交替互动；那上层是整台乐队，下层为舞蹈表演区域。两层均可无任何障碍地方便通透观看；二是探戈节目丰富多彩，首先题材就非常多样，有反映码头底层工人生活的、有体现贵族家庭豪奢的，也有艺术家疯狂表现的……绝非我们对探戈一般理解的那么几个动作；其节奏快慢有致，舞台效果美轮美奂，色彩缤纷炫人眼目；三是音乐非常唯美，或激越狂放，或舒缓委婉，或节奏铿锵，或哀婉幽怨。由于乐队全体成员的演奏动作均可一目了然，故观众可随着音乐旋律和节奏，自然地进入角色和情节，从而深刻感悟和享受绝美的视听艺术境界。

↑ 探戈舞蹈表现博卡区底层劳动者的生活情节

在这种剧院里欣赏精美的探戈表演，同时品尝阿根廷的特色美酒与美食，其获得的审美愉悦与满足感觉，丝毫不逊色于观看一场优秀的芭蕾舞表演。

一般外国游客来到布市，大多能看看剧院演出就属于非常幸运的人了。而我尤其幸运，居然还能被友人带去居民社区，得以深入老百姓的生活圈，观赏原汁原味的市民探戈。2011年1月19日，我在布宜诺斯艾利斯大学举办完演讲正欲离去，听众中有位名为帕布洛的摄影家，是布宜诺斯艾利斯大学的老师，他热情上前："余先生，您今晚愿意抽空去看看布市市民自己的探戈表演吗？那不是给外国旅游者看的，是原汁原味的布市居民自己喜爱的活动，您去了一定可

↑作者（中）应邀在布市市民舞厅学跳探戈舞（帕布洛摄）

↓探戈舞乐队的精湛表演

以拍到很好的照片。如果您愿意去，我很乐意陪同。"

我当然十分高兴地接受这一友好邀请。可惜当晚无暇践约。于是双方约定，一年后如果我还能再来布市，帕布洛先生一定带我去。2012年我果然来到布市。帕布洛先生没有食言，立即联系了那家舞厅，并亲自陪我前往观赏。

夜色朦胧时分，我跟随帕布洛穿街走巷来到这家市民舞厅。它外观十分低调，状如旧的大厂房。我主动购买两人的门票，帕布洛十分高兴地接受我的好意。待进入这家类似旧厂房改造的大型舞厅后，但见舞台中央是平滑的舞蹈地板，四周围置着一排排简易的长条座椅。随着时间的推移，入场的市民越来越多。人们衣着比较随意，男士很少有正装领带的，女士多为长裙。很快，乐队拉开架势演奏起来，围坐在长椅上的男女舞客们纷纷起身上场。大家步入舞台中央，相互搂抱开始起舞。那气氛，颇似中国20世纪80年代不少企业将礼堂腾出来举办舞会的感觉。

看来摄影家帕布洛是这里的常客，时有熟人与他热情打招呼。少顷，帕布洛请来一位美丽婀娜的三十来岁的女郎，她礼貌地微笑着表示愿意为我伴舞。我从未跳过探戈，此时只得硬着头皮和这位女郎一起跳了片刻，帕布洛连忙

↑ 布市博卡区街头的探戈表演，游人亦可参与其间，只是需付小费　　↑ 布市博卡区街头的探戈表演

友善地帮我抢拍着照片。那女郎舞姿娴熟优美，动作十分熟稔，跳的过程中比较细心地注意适应迁就着我。如果我会跳探戈，那晚一定会非常尽兴，可惜我大约没能放开，自己觉得动作格外僵硬，只得很快下得阵来，心里还在自我安慰："总算在阿根廷体会了一把探戈的滋味！"

　　不过，我在现场也拍了一些照片。后来想想有点不安，也不知这种场合别人是否允许拍照？

　　至于在著名旅游景点的街头随意观赏卖艺者的探戈舞蹈表演，那种机会就很多了。在游客云集的博卡和圣特尔莫的街头，几乎随处可见这样的表演。

　　表演者的男士大多身着黑色礼服打亮色领结，头戴一顶窄沿礼帽；女士多着暖亮色调的高开衩长裙。他们的表演都很熟练，但舞姿比较单一，最吸引人的那个高甩腿动作幅度甚小，大约是游人如织的环境"寸土寸金"，甩高了担心不小心踢到路人。

　　这种表演每每持续短短的几分钟后，男士就会脱下礼帽将其反托手心，走向观众。要钱时男子的动作和表情都比较礼貌，有些绅士风度。

　　2001年7月20至22日，阿根廷的激情探戈舞蹈团在北京天桥剧场上演舞蹈《激情探戈》。媒体报道说，阿根廷艺术家用热烈而不失优雅的舞姿，把两性的爱欲和诱惑、生活的伤痛与欢愉，淋漓尽致地传递给了中国观众，因而获得好评。■

← 布市探戈舞台分为三层，每层都
在上演不同情节的探戈舞蹈

第二章

魅力首都，布宜诺斯艾利斯

一、美轮美奂的 "南美巴黎"

去阿根廷前，我曾登录谷歌地图，鸟瞰了这个国家首都布宜诺斯艾利斯的城市概况。从高空俯视下去，第一印象即城市的街道划分得非常整齐。纵横交错的马路，把灰蓝色基调的城区切割成一块块大小均等、方方正正的街区。

那天上午，我乘坐智利航空公司的飞机从圣地亚哥飞往乌拉圭首都蒙得维的亚。翻越安第斯山脉不久，无意中一瞥窗外，只见万米之下，竟是一片灰色的现代城区，一道道白色的细线纵横交错极为整齐——那不就是布宜诺斯艾利斯市区的城区吗，与我看过的谷歌卫星照片几无二致

↓停泊在布市拉普拉塔河的帆船博物馆，夜间看去美如白色精灵

↑ 阿根廷国会大厦和广场

呢！我想，西班牙人当初规划这座城市时，直接采用欧洲先进的城市规划理念，从根本上规避了无序发展和乱搭乱盖，这才有今天这座城市的井井有条。

到了布市我才知道，这座城市的街区划分有其规律，即每100米为一条街区，市中心每4条街区就会辟出一条较宽的大街。市区基本上所有道路均为单行线。纵贯市区中心的瓦达威亚大街是世界上最长街道，总长达37公里；而市中心的"七月九日大道"又是世界上最宽的马路，最宽处为140米，连同辅路双向有26条车道。

布市是拉美最为古老的城市，因其美丽和现代而拥有"南美巴黎"的美誉。这座城市充满人文气息，高楼林立，既有高耸的大厦，也有精巧的教堂，市区林荫大道错落有致，到处可见艺术雕塑和名人塑像。市区遍布着400多个面积不等的广场和街心花园，1100座雕塑或矗立在街心花

布市方尖碑伫立在"七月九日大道"的中央

园内，或掩映于翠绿的林木之中。这些雕塑作品极大提升了城市的文化品位，抒写了这座城市可歌可泣的人文历史篇章。

在五月广场尽头，矗立着壮美的阿根廷国会大厦，有资料称它"是整个拉丁美洲最为宏伟的大厦"。这座大厦1887年兴建，近50年后的1946年才竣工。它高80米，宽160米，其古典主义风格和恢宏造型深受阿根廷民众的喜爱，甚至被人媲美于华盛顿的国会大厦（不过我觉得还是华盛顿国会山上要大气得多）。国会大厦前是国会广场。那里屹立着国会纪念碑。在它一旁，座落着铜雕《思想者》。

由于雕塑家罗丹的这一作品名气太大，世界各国都以拥有它为荣。聪明的法国人便将原件留在巴黎，将同模翻铸的这一作品分售世界各地，我在不少国家（包括在巴西偏远小城玛瑙斯）都曾有见过这件雕塑。十多年前，湖北某美术学院将从旅法华裔画商那里购买了《思想者》铜雕，安置在并不宽敞的校园内，旁边铭牌醒目："罗丹原作"。

始建于1754年的布宜诺斯艾利斯大主教堂，位于玫瑰宫左侧，是阿根廷的重要景观。大主教堂为典型罗马风格造型，门廊前竖有12根粗大的石质罗马门柱，象征着耶稣的12位门徒。大教堂内右侧安放着圣马丁的灵柩，他的铜棺置于黑色大理石基座之上，石座镌刻着他为祖国和南美独立解放事业历史功绩的铭文。从1950年圣马丁逝世百年纪念日起，这座教堂在外墙就点燃被称为

↑ 布宜诺斯艾利斯放置圣马丁灵柩的大主教大教堂

"阿根廷火焰"的长明灯，灯火一直通明至今。

由于大主教堂门外的五月广场长期为阿根廷全国各路示威者所占领，因此这里比较宽阔的门廊便是示威者们用来遮风避雨的憩息之所。那高大的门柱，则长期被示威者用来张挂标语和漫画，致使整个教堂尽失庄严肃穆的感觉，颇似公共集市的出入口。■

二、叩开共和国总统 办公室大门

1. 历史艺术情感叠加，玫瑰宫门扉厚如山

玫瑰宫，亦称阿根廷共和国总统府，位于布宜诺斯艾利斯市拉普拉塔河畔的巴尔卡塞路50号。

这幢象征着国家政权的大楼，之所以与"玫瑰"扯上关系，皆因它的外墙颜色介乎于土红与玫红色之间。那种"红"，如果用玫瑰的"粉红"来形容略显轻佻；但用土红形容又过于老气；赭红？更不对。我在琢磨这颜色用什么词形容时，突然想起阿根廷西北部的萨尔塔。那里的山峦颜色深沉但又激越，红得不艳，粉得不俗，恰好与玫瑰宫的颜色十分吻合。这种"红"既迷离又跳跃，既热烈又沉

↓ 玫瑰宫夜景

静；作为国家政权象征的颜色，"红"得漂亮！

　　玫瑰宫位于布宜诺斯艾利斯五月广场的东侧。它的建筑样式远看比较普通，既没有塔楼，又没有尖顶，墙外也没有过于繁缛的雕刻装饰；远远看去，就像大学里一幢平常的三层教学楼。

　　但是，这幢楼的历史，一直与阿根廷人民挣脱西班牙殖民统治直至独立的不平凡历史相伴相随。此楼最初只是拉普拉塔河畔的一幢军事要塞，后扩建成总督官邸。阿根廷独立后第一任总统里瓦达维亚将其定为官邸，1862年修葺成总统府。多明戈·萨米恩托总统在维修它时，力主将墙面涂成现在的这种土红玫瑰色。他的理念是，红白两色代表阿根廷内战的两派，只有将二者混合成一体，国家才能安宁；而二者一混合，就成了现在这种"粉红"色。所以说，玫瑰宫的颜色，归根结底还是"政治的颜色"。

　　2010年我在布宜诺斯艾利斯期间，正值阿根廷总统克里斯蒂娜即将访华，行前她表示同意接受驻阿中国记者采访，中国时任驻阿根廷大使曾钢决定让我也参加这次采访。正当我做好进入总统府细细采访准备之时，阿总统府却通知因总统日程太满而取消这一采访计划。直至一年半以后的2011年的6月，当我再次来到布市，才得以进入总统府一睹风采。

　　阿根廷总统府为地面三层建筑，外形朴实无华，其内却富丽堂皇，每一个细节都装点精美。

　　第一层中央大厅是开阔的布斯托厅，外国元首前米进行国事访问时，这里是阿根廷总统举行欢迎礼仪的场地。在布斯托厅四周，矗立着阿根廷共和国历任总统的胸像。墙壁廊柱悬挂着数十位阿根廷本国，或与阿有关的拉美历史性人物油画肖像和照片。我能辨认出的有圣马丁、玻利瓦尔、何塞·马蒂、切·格瓦拉等人物。其他人物虽然认不全，但参照肖像下方的文字介绍，也就了解到他们的身世了。例如，在18世纪土著印第安首领阿玛鲁二世的油画肖像下方，就写有"Tupac Amalu II，1738—1781"字样。

　　大厅两侧，分列着名为"法国"和"意大利"两条楼梯可以走上二楼。"法国"楼梯正上方，悬挂着从巴黎定制

↑ 作者与总统府卫士在总统府一楼大厅内（余衷摄）

的手工精美双面壁毯，画面是圣马丁策马戎装的将军形象，下方注明是法国政府的国礼；"意大利"楼梯墙面则是大理石镶铜的纪念碑，是意大利政府赠送给阿根廷的建国100周年纪念品。

总统府二楼的墙壁上，挂满的不是人物照片，而是非常精美的绘画和雕塑作品，走进这里，俨然步入国家级的美术馆。我兴奋地细细欣赏着其中几件精美的艺术作品，深为阿根廷人尊重艺术的情怀所感慨。

著名的白厅设在二楼，它被称为"玫瑰宫的瑰宝"。这间白厅神圣肃穆，形同庄严典雅的殿堂。白厅正面壁炉的中央，置放着象征祖国的大理石传统雕像，粉色石面上嵌有巨幅铜质的阿根廷国徽，底座置有旗帜剑胄和桂枝簇拥的白色大理石自由女神胸像。大厅右侧为圣马丁，左侧为贝尔格拉诺将军这两位独立元勋的胸像。下方的左侧竖有国旗。另有一座精巧典雅的橡木桌子。每当国家领导人与外国政要签约，或者国家进行颁奖、授勋等国家级重大

↓ 总统府内的白厅，全国最重要的仪式都在这里举行

礼仪时，这里都是非常庄重的举办场所。值得一看的，还有壮丽的天花板，其上绘有意大利画家以五月革命和宣告独立两大事件为主题绘就的巨幅历史画卷。正中垂吊着来自法国的镀金大吊灯。大厅地面均用橡木小板镶嵌而成，一百多张座椅整齐排列。

我注意到，在这间会议厅的四壁，布置着绘画技艺极高的单色油画作品，均为阿根廷各民族人民的艺术肖像，它营造出浓浓的尊重阿根廷多民族文化的氛围。

在总统府还有一间精巧典雅的小教堂。它的中央是拱形神龛，其内的耶稣塑像精美形象。平素总统祈祷时，估计会来这个地方。

在总统府的楼梯间，我见到好几尊东方风格的彩绘瓷花瓶。我虽无法确认它是源自中国还是日本？但无疑来自亚洲。我对它们如何远渡重洋来到阿根廷颇为好奇。

在玫瑰宫的楼上楼下，时有身着蓝红二色优美奇特服饰的礼宾卫士巡视其间。这些卫士是早年圣马丁亲手创建的掷弹骑兵团，前身是总统府卫队。卫士们的服装依照法国大革命起义军服装设计，卫士们担负着总统府的安保和重大礼仪活动任务，他们行走起来身姿矫健，是总统府内外的靓丽风景。我特地与他们合影以作纪念。

↑ 总统府内摆放着来自亚洲的大花瓶

2. 夫妇接力任总统，两间办公室异同何在

如今的阿根廷共和国总统克里斯蒂娜·费尔南德斯·基什内尔和她的丈夫、已故前总统内斯托尔·卡洛斯·基什内尔，都是这座楼里的主人。

克里斯蒂娜总统的办公室，设在第二层楼左侧的最内间。她的丈夫前总统基什内尔的办公室，则设在右侧的最内间，至今仍被当总统的妻子保存着当年的原状，用作供人瞻仰的纪念室。两人办公室的拱形窗棂均朝向五月广场。这使我记起当年的庇隆夫人就曾站在窗口的小阳台，向广场民众挥手接受欢呼的场景。

步入总统办公室前，不能不说说这对总统夫妇。

1970年，克里斯蒂娜考入拉普拉塔大学法律专业时和

↑ 现任总统克里斯蒂娜的办公室

↑ 已故前总统基什内尔的办公室，至今仍然照原样陈列，供人凭吊瞻仰

基什内尔相识相恋，1975年结为连理。在2003年4月总统选举中，她为丈夫基什内尔成功当选总统发挥了巨大作用。同年5月基什内尔担任总统，她也成为阿根廷第一夫人。

基什内尔总统的任期至2007年12月结束。在他执政期间，阿根廷的经济逐渐走出自2001年爆发经济危机以来的低谷，增长率连续4年超过8%。这令基什内尔总统深得人心。很多人将基什内尔任期内实现的经济复苏，归功于他有一位"贤内助"，这为克里斯蒂娜日后上台埋下伏笔。

2007年12月，克里斯蒂娜在丈夫基什内尔任期届满后，顺利当选总统，并于同年接棒就任阿根廷共和国总统。2010年，克里斯蒂娜总统的丈夫基什内尔因心脑血管疾病先后两次接受手术，10月27日终因心脏病突发去世。2011年10月23日，克里斯蒂娜以绝对优势连任总统。

2010年7月的一天下午，我获准步入克里斯蒂娜总统和她丈夫、前总统基什内尔的办公室参观、拍照。

克里斯蒂娜总统本人当天不在办公室。只见她的办公室呈狭长形，面积不算太大，既是办公室，又是会议室。办公室的色彩基调为深赭淡黄两色相间。高高的天花板上，图案设计精巧美观，线条稀疏却相互缠绕，每根线条均饰有细细的金线。头顶上悬着两座精美的镶金大吊灯，灯光呈柔和的白光。

在总统办公桌的正前方，置放着一长条状橡木雕花的会议桌，其两边分设四把座椅。那椅面十分考究，均为白色皮沙发坐垫。栗色的桌面由一整块玻璃所覆盖，桌中央置有一矮小花瓶，绿叶白花相衬朴素美观。

　　总统的办公桌背靠一扇明亮的窗口，两条薄薄的白色窗纱斜拉左右。桌子两侧的墙面，悬挂着多幅历史人物的油画肖像，我注意到，其中并无她丈夫基什内尔的画像。在办公桌后侧木柜上方，置放着几幅镶框的总统家人照片，感觉十分温馨典雅。总统办公桌的左前方，分别置放着液晶屏电视机，和一小型白色大理石面桌几，几上置有签字笔和精装签字本，大约是供重要来宾签名所用。

　　这间办公室的中部竖有高大的石质壁炉，那石头的颜色也如室内木质装饰色一般为深赭色。可以想象，在这间办公室内，平素一定四季如春。

　　我步入楼层另一端，走进已故前总统基什内尔的办公室。

　　那间办公室的面积似乎小一些（估计不一定是原来办公室房间），其墙壁是原始的白色，简朴的办公桌上铺有几页洁白的信笺，似乎主人随时会来提笔写字。总统坐的

↓ 总统府的小型会议室

椅子，还是20世纪90年代流行的黑色转椅，其左侧分放着三架白色的老式电话机。

令人瞩目的是，在这位老总统办公桌的右后侧，悬挂着大镜框镶嵌的彩色照片，那是基什内尔和夫人克里斯蒂娜两人手持阿根廷国旗，联袂站在大教堂前向人民挥手致意的画面。这也是我见过少有的、典型展示新老总统伉俪琴瑟和谐的照片。

↑ 现任总统克里斯蒂娜（左）与已故丈夫、前总统基什内尔携手向人民致意的照片，悬挂在总统府的墙壁上

3. 马尔维纳斯之殇，玫瑰宫前永远的痛

站在玫瑰宫的三楼，我透过窗棂，清晰看见楼下的五月广场一角正晃动着天蓝色的国旗，示威人士正举牌在进行马尔维纳斯群岛回归主题的抗议活动。人们身边的大幅招贴画上，深蓝色海洋浮现大大的马岛地图，一旁是醒目的文字："马岛永远属于阿根廷！"

马尔维纳斯，玫瑰宫前永远的痛。

广场这种示威长年不断，为了提示总统随时可见。

"哦，你是中国人？我知道，香港是你们中国的；马尔维纳斯是我们阿根廷的！都不是英国的！"

在布宜诺斯艾利斯一辆出租车上，年逾六旬的司机这样对我说。我侧过头看了老人一眼，只见他黑褐的脸庞上满是皱纹。

马尔维纳斯之战，是阿根廷人至今心头一块永远的痛。1982年，在与英国争夺阿根廷南端南大西洋这片小岛的战争中，阿根廷以惨败告终。

说起马尔维纳斯群岛，每个阿根廷儿童的教科书里都写着："它是阿根廷的国土。"从地图上看，这片面积约1.2万平方公里的岛屿，距阿根廷本土南端仅500公里。它蕴藏着丰富的石油和天然气，其储量超过英国的北海油田。加之它地处南大西洋和南太平洋的航道要冲，战略位置极其重要。

在英语世界，这里被称为"福克兰群岛"。1493年，罗马教皇将它划归莱昂－卡斯蒂利亚女王伊莎贝拉。1820年，阿根廷正式宣布马岛为"阿根廷领土不可分割的一部分"。1828年，英国以最早发现该岛为由提出领土要求，

↑ 总统府玫瑰宫的天窗

1833年，英国海军武装占领马岛，将其列为军舰的加煤站。此后一直由英国士兵把守至今。

1966年起，阿根廷和英国就马岛归属问题进行过多次秘密谈判，但无实质进展。1981年12月，阿根廷三军总司令加尔铁里将军就任阿根廷总统。这届军政府上台后野蛮镇压工会罢工，践踏人权，使得国家债务和通货膨胀迅速增长，从而激起全国反对军政府的强烈情绪。为了缓解军政府摇摇欲坠的政治危机，转移人民反政府视线，加尔铁里总统决定铤而走险，于1982年4月点燃马岛战争的火药桶。

起初，阿根廷军队突击马岛，猝不及防的英国小股守军立即投降。阿根廷顿时举国欢庆，加尔铁里总统陶醉于短暂的胜利之中。但他低估了英国的反弹。英国首相撒切尔夫人立即派出两艘航母，一百多只舰船组成特混舰队直驱马岛。6月14日，在英军的狂轰滥炸下，孤立无援的9800名阿军被迫投降。马岛重新落入英军手中。

乔纳森·C.布朗在《阿根廷史》中这样记述一位经历过马岛战争的阿军青年士兵的片段回忆：

当我们飞往马岛时，一路上很拥挤，我旁边的一个男孩开玩笑："别发牢骚了，回来就不会这么挤了。""为什么？"有人问他。"嗯，那时我们就不会有这么多人啦。"他的回答，使周围陷入一片静默……

……在英国人袭击我们的最后一天，简直难以置信，大概每秒3发炸弹！我们能做的，就是尽量保护自己，偶尔出击一下……

马岛战争的失败，使阿根廷的国家精神和人民情绪遭受重大挫败。尽管加尔铁里总统迅疾下台，但人民仍在悲愤中绝望地呼喊和抗议，几乎所有人都看不到这个国家的希望所在。著名作家博尔赫斯此前一直支持军政府（这令他与诺奖失之交臂），但在马岛战争的刺激下，被激怒的他也参加支持军政府下台的抗议行列。他说："马岛溃败使我清醒了很多。"

这种举国沮丧的情绪，不知还要延续到哪一年？ ■

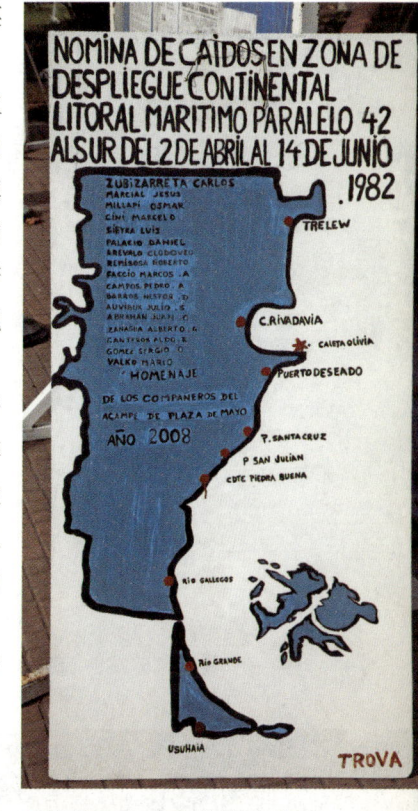

↑ 摆放在玫瑰宫前的示威牌写道："马尔维纳斯属于阿根廷！"

三、新生的 百年科隆大剧院

在布宜诺斯艾利斯最为宽敞的"七月九日大道"旁，坐落着有着一百多年历史的科隆大剧院。它是阿根廷享誉世界的一颗艺术明珠，也是阿根廷人民的骄傲。

2009年12月至2010年1月我第一次去阿根廷时，科隆大剧院正在维修。剧院建筑四周全被帷幔密密地环绕，那帷幔上绘有别致的彩色画面；两位身着19世纪欧洲宫廷服饰的男子，正撩开大红帷幔的一条缝儿朝里窥探。不仅满足了路人对这幢著名建筑修缮情况的好奇心，那幅画面本

↓布宜诺斯艾利斯爱乐乐团在科隆大剧院演出（资料图片）

↑ 科隆大剧院外墙

身也充满戏剧性。2011年再去时，剧院装修已毕，且已开门迎客。

　　科隆大剧院的名气究竟有多大？据说它名列世界著名剧院的第三位，前两位为米兰的斯卡拉大剧院和纽约大都会剧院。但这座剧院的面积世界第一，修建时间就达20多年。这座乳白色4层大厦，前厅宛若大理石殿堂，古典式廊柱、墙面乃至楼梯扶手，无不镶嵌精美雕刻并饰以鎏金。其内设观众席2500个，站立观众席500个。剧院内不仅有总统包厢，还有两处"神秘豪华包厢"，设在台口两侧、帷幔永远紧闭，是专为不愿显露真容、只聆听不观看的特殊观众所准备，连进出门的通道都是独家专用的。这一设置为剧院平添神秘风情。

　　这家剧院也是阿根廷戏剧博物馆所在地。在它的地下室，存放有来自世界各国数以万计的戏剧服饰。其中就有中国京剧名家李少春1956年访问阿时赠送给剧院的一双"孙悟空"穿的戏靴。我曾慕名前来寻觅但未果，只是在一楼大厅一侧见到陈列于玻璃柜的一批欧洲名剧主角的戏装。■

四、国家美术馆，
阿根廷的象牙塔尖

↑ 阿根廷国家美术馆内的一幅作品

阿根廷国家美术馆我去过两次。其丰富和高质量的藏品，使我深切感受到国家美术馆的深邃与厚重。

阿根廷国家美术馆于1876年对外开放，距今已有一百多年历史。尽管阿根廷独立于19世纪，迄今也只百多年时间，但它的历史文化遗产却很丰富，国家对文化遗产保护的力度也很大。阿根廷各处重要的建筑馆舍，动辄百年以上。国家美术馆也是一例。

美术馆现为3层楼，37个展厅，馆舍虽不太宽阔，但馆藏艺术品达1.1万件，其中不乏本国各时期不同流派艺术家，以及法国、意大利、西班牙等欧洲多国著名艺术家的作品。由于展厅严格禁止摄影，我无法为读者从容展示那些精美作品的照片；但至今无法忘怀不少佳作。

走进雕塑展厅，迎面便是法国艺术家罗丹最著名的代表作石雕（不是人们熟知的那尊雕塑哦）《人类之爱》。这是一对裸体青年男女忘情拥吻的坐像雕塑，也是世界上最为知名的艺术精品之一。当我看到灰白色的整块大花岗岩石上雕琢而成的这尊杰作，内心再次泛起对大师的景仰。

在近代艺术展厅，法国19世纪重要画家凡高、高更、莫奈、马奈、西斯莱、德加、毕沙罗、伯特莱等人的画作，简直像排着长龙鱼贯而入；20世纪欧洲画家如康定斯基、藉里科、科勒、毕加索、莫迪格里阿尼等人的精湛艺术品，也是目不暇接。更有不少现代风格的作品，也以出人意表的跳跃性构思和狂野的想象力，激发着观众的无穷联想。

除了这些欧洲名家之作，我对两幅阿根廷本土画家的作品情有独钟。一幅是奎罗斯1919年创作的油画作品《手持雄鸡的男子》。主人公是潘帕斯大草原上的高乔人。他身着拉丁美洲土著人习惯穿的彩色斗篷，左手托着一只雄鸡，右手拿着一支树丫，眼神里透出紧张和不安，仿佛庄园主就要将鸡夺走一般。他的额头上缠有白布条，颈前围着一条不洁的围巾，身处环境的色调低沉压抑，画面令人不安和恐惧。另一幅是阿根廷画家艾米斯托·迪拉1989年创作的现代风格油画《亚当和夏娃·第2号》。他的画风粗犷，色彩对比强烈，形象变形极度夸张，体现了拉美抽象艺术的走向，具有很强的视觉冲击力。

难忘的是，美术馆许多展品来自私人捐赠。捐赠人的姓名和捐赠时间，都写在精致铭牌并置于作品下方。我注意到，有人于1970年捐出世界级名家精品十余件，要知其中哪怕一件，都堪为价值连城啊！这位捐赠人对自己的祖国，何其慷慨和忠诚！ ■

↓ 阿根廷国家美术馆内，描绘布宜诺斯艾利斯弗罗里达街雨景的油画

五、400处精美公园扮靓首都

透过飞机舷窗鸟瞰，布宜诺斯艾利斯那星罗棋布的街区，处处散落着点状的墨绿色——那是遍布市区的数量众多的公园和广场，也是庞大城市的片片"绿肺"。这些广场和公园数量多达400处；还有1100多处的街心公园竖有雕塑。

在幽静的拉普拉塔河畔，人称"美人鱼"的内雷达泉艺术气息十足；五月广场上肃穆庄严的纪念碑，记述着1810年5月25日阿根廷宣布独立的历史纪念日；国会大厦纪念碑、圣马丁将军塑像、西班牙人纪念碑、"劳动之歌"群雕、"奴隶"纪念碑、马岛战争烈士纪念碑等名闻遐迩的纪念碑，分别伫立在市区各个不同的公园和广场之中。它们与青翠的林木和璀璨的鲜花交相辉映，共同精心扮靓这座美丽的城市。

在市中心，布市高尔夫球场尤为引人注目，不仅地点适中，面积也够大，拥有38万平方米和18个洞。

→ 布宜诺斯艾利斯玫瑰花园鲜花竞放

　　著名的巴勒莫公园，是阿根廷最富于文学才华的总统萨米恩托创建的，在湖畔设有文学巨匠莎士比亚、博尔赫斯等人的雕像。园中还竖有纪念五月革命100周年的纪念碑。围绕着纪念碑四周的水池边，是四座青铜雕像，旨在代表阿根廷这个国家的四个重要地区。

　　巴勒莫公园道路两旁的树木高大笔直，并被修剪得整整齐齐。这里藏有一座"日本花园"，是旅居布市的日本移民为感谢阿根廷人民而捐赠兴建的。该园占地250平方米，内设日本料理餐厅。池塘里肥大的日本锦鲤悠闲地游着，十分吸引人。

　　（无独有偶，我在阿根廷的邻国乌拉圭的首都公园里，也见到与此相同的日本公园。旅居拉美的日本侨民，通过捐赠公园这一方式，巧妙地彰显了日本文化软实力，又有效拉近日本侨民与居住国人民之间的情感纽带，可谓一箭双雕。这一做法，值得侨居海外的中国人参考。）

　　布宜诺斯艾利斯纪念公园，是为了纪念在1976至1983年军事统治时期被迫丧生的人们。在此期间阿根廷全国有近3万人失踪。由建筑规划师阿尔贝托·瓦诺斯设计的主题纪念碑引人瞩目。这位设计师认为，纪念公园的项目旨在追忆，尽可能地亲近河水以及城市的地域重建，即都市组成部分的自然化进程。为了完成上述目标，设计师将布宜诺斯艾利斯大学后的垃圾掩埋场进行改建，将这片一度废弃的区域与北科斯塔内拉大道重新连接起来，这样便产生一个曲线美的蝴蝶形区域，使之形成今日别致的园区。

　　布宜诺斯艾利斯市的植物园，是阿根廷人民节假日休闲旅游的最爱。这座植物园于1892年由法国裔设计师卡洛斯·萨伊斯设计，1908年建成。公园最大特色是种植有阿根廷所有省份的花卉，此外还有来自欧洲、亚洲、北美洲和大洋洲的各种珍稀植物。包括挺拔的棕榈树、葳蕤庄严的雪松、洁白如玉的广玉兰等植物在内，品种多达5000种。园中植有一株参天大银杏树，是由一名日本移民从中国移来的。尽管已有百年树龄，但依然郁郁葱葱，枝繁叶茂。■

↑ 布市街头处处可见艺术雕塑

↑ 布市分布着1100处雕塑公园和街心广场

↑ 布宜诺斯艾利斯纪念公园一角

六、小动物满园跑的布市动物园

↑ 北极熊在南半球的布宜诺斯艾利斯动物园，生活得不知有无时差？

只要时间充裕，布宜诺斯艾利斯的动物园是值得一去的。

那天是2009年12月25日的上午，我来到这家动物园门前，才得知圣诞节当天动物园闭门谢客。

我因想入内拍几张巴塔哥尼亚地区特色动物的照片，于是就尝试与门卫攀谈看能否进去？没想到那小伙子十分热情，立即请示上司后笑眯眯地对我说："欢迎您入内拍摄，只需签个名即可。"我连忙签名登记，然后边道谢边急急入园。

地处巴勒莫地区的这家动物园，占地面积18公顷，我逛了两个多小时还没有走完。举目四顾，高高的林木掩映着园内造型各异的动物馆舍。那馆舍造型居然仿自世界多国的知名建筑。儿童们在看动物的同时，也把世界几个有名的建筑了解个遍。

这里的动物种类比较齐全，生活着89种哺乳动物、49

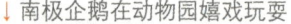

↓ 成群的海豹在动物园与游人互动

↓ 南极企鹅在动物园嬉戏玩耍

↑ 布宜诺斯艾利斯动物园内的海狸正在与
孩子互动

↑ 作者在布市动物园内逗引放养的短尾小动物

种爬行动物以及175种鸟类，总共拥有超过2500种动物。其中火烈鸟、狮子、老虎、北极熊等，该有的都有了，只是感到有点缺少阿根廷本土，特别是巴塔哥尼亚地区特有的稀罕动物。大约是这片土地早年的原生类动物早已绝迹，剩下的只有这些大路货了。

　　这家动物园工程于1874年开始，时任总统萨米恩托负责动物园所在土地的开发工作。公园于1875年11月11日建成并开放。它的宗旨是为搜集保护多样性动物品种并进行科学研究，同时向公众，特别是向青少年进行动物科普。

　　不过，这家动物园也有可圈可点之处，即饲养方式比较开放和人性化。比如它将没有攻击性的食草类小动物自由放养，与游人亲密接触，就很受游人特别是儿童的欢迎。如尾巴卷成小黑球的小羊、小兔就四下溜达，能与游人无拘无束地互动。大个儿的海狸也在水池边上爬来爬去，有的还亲密地凑上来，嗅嗅游客的脚趾头呢。■

← 布市动物园内到处乱跑的小
动物

七、书香浓郁的托尔托尼咖啡馆

阿根廷是咖啡消费大国，国民普遍有饮用咖啡的习惯。在布宜诺斯艾利斯众多的咖啡馆中，有一处最为知名，那就是1858年开业的托尔托尼咖啡馆。一百多年来，阿根廷和欧洲许多知名文学艺术家经常出没于此。西班牙著名剧作家哈辛托·贝纳登特、诗人加西亚·卢卡以及哲学家何塞·奥尔特加等，都把这里叫做远离故乡的"我的家"。这些知识分子在咖啡馆举行聚会，讨论艺术，朗诵文学艺术作品，演奏新问世的乐章。至今，这家咖啡馆每周日晚8:00都会举行爵士和探戈的演出。

刚到托尔托尼咖啡馆的门口，我顿时感受到咖啡文化的浓浓艺术氛围，旅途的疲惫瞬间不可思议地消散殆尽。我最鲜明的感觉，是这里依然是阿根廷人民的最爱，尽管必须预约方可入内消费，但门外仍不间断地被各路希望碰运气的好奇者所簇拥。

及至入内，发现它不仅是正常经营运转着的咖啡馆，更是极富荣誉感的百年老店和咖啡历史博物馆。店内罕见地辟出专门陈列室，琳琅满目地展示着众多历史文化艺术名人与咖啡密切关系的照片和文件，甚至沿着墙边竖起多位名人的胸像雕塑。更令人感慨的是，它从宝贵的经营空间里特地辟出一间阅览室，专供客人不受干扰地阅读书柜里那些尽管书脊破旧但仍贵族气十足的精装典籍。

温馨的书香伴着咖啡醇香，使这家咖啡馆益显其庄重和尊严。■

↑ 布市的托尔托尼咖啡馆
内，置有专供顾客阅读的
小书屋，气氛温馨可人

八、从油漆桶"捞出的"博卡区

博卡区，是布宜诺斯艾利斯市区最具人文风情的街区。那片区域的房屋外墙全被涂成鲜艳华丽的混搭色彩，远远望去，就如同坠入彩色斑斓、亦幻亦真的动画世界。步入其间，也就步入了童话天堂，人也是醉了。

博卡街区是布宜诺斯艾利斯最早的港口区，也是欧洲移民登陆阿根廷时踏上的第一片土地。19世纪中叶，来自意大利、西班牙的大批贫苦民众乘船移居到这片新大陆后，因没有钱修筑房屋，只得用简陋的铁皮和木板搭建简易住所。为了能使简易房更耐用，同时凸显自己的个性，这些欧洲移民们便用从港口乞讨得来的各色油漆对房屋和屋顶进行粉刷。这些五颜六色的油漆，不仅能够防水耐腐，更能为这片贫民窟平添活泼的艺术气息。

↑ 布市博卡区所有房屋均被漆成彩色

据《阿根廷史》一书透露，由于欧洲移民的大量涌入，阿根廷人口迅速膨胀。1869至1914年，布宜诺斯艾利斯全城的人口激增8倍之多。许多移民抵达这个新的国度后一时无法就业，也得不到像样的住房，大多只好寄居在博卡这样廉价的贫民区聊度日月。于是，早年的这片区域环境肮脏破旧，街头充斥着骗子、盗贼、妓女和乞丐。所以，博卡的"出身"一开始似乎并不高贵。即便在百年后的今日，尽管这里店铺云集、游人如织，且已经成为布市最具人文个性的商业旅游区域，但布市本地的居民前来者并不多，街头全是外国的游客。当得知我要前去时，阿根廷国家旅游促进局的官员赶紧叮嘱："那里的秩序比较混乱，您一定要注意保护好钱包和相机啊！"

↑ 博卡区著名"小路"上，行人正与楼上阳台挥手的人偶互动

博卡区有条知名商业街，名叫"小路"。它是采纳阿根廷画家金盖罗·马丁的建议，把街两边所有建筑全都漆

刷成最为鲜亮艳丽的色彩，游人步入其间，如同坠入七彩的万花筒一般。

在这条满是店铺的街道，两侧墙壁上密密缀饰着许多阿根廷艺术家的浮雕艺术品。更有一些翻模制成的简陋的人偶模型，多被置放于二楼阳台前，频频作招手笑容状地向路人致意。1959年，阿根廷政府将这条"小路"又命名为"从步行街到博物馆"，使它俨然成为阿根廷市井文化的一张名片。

在"小路"上，很容易遇到到随机表演探戈的青年男女。他们只占用几平方米的街角就可随意地翩翩起舞。当然跳了几分钟就会停下，男士这时将礼帽翻托手心，快步走向观众群索要小费。如果你想多看一会儿，恐怕需要多付几遍"份子钱"。

"小路"的房屋外墙，无不密密匝匝地被涂抹上鲜艳的油漆。那油漆覆盖的程度可谓无处不涂、无所不包，无一遗漏。我曾踏过一家画廊逼仄的木梯上下楼。踩梯时发现，那简陋的木质梯板上竟然每一级都被细心地漆上不同色彩。正是这些细节，令整体的博卡焕发出极端的童话感觉。

作为画家，我曾较长时间端坐街边长椅审视眼前的色彩世界，发现映入眼帘的原色与补色虽然炫目不已，但其实色彩之间并不冲突凌乱，在过渡时还颇为得体。我对这里的混搭色彩略有感悟：从整体上看，这里色泽搭配得确实比较协调且赏心悦目。虽然大量使用着三原色，但却能于绚烂中不显聒噪，比较符合大众审美的基本规律。

这令我意识到，博卡区建筑的每一种色彩搭配，背后都闪烁着专家的影子。显然，政府不会任由不懂色彩学的人在此随意涂抹。

博卡区色彩的细节表明，这里的居民都在执着地尊重维护本民族的文化与尊严。这处街区的细节完美，恰恰表明它的居民对自己祖国形象的热情呵护。难怪各国游客会对博卡如此地心旷神怡和满心尊重。■

↑ 布市博卡区常见这类富于生活气息的人偶

↑ 博卡区一间小酒吧，狭窄的空间也不忘悬空置放着两个人偶

九、圣特尔莫区，
正在钻出时光隧道

布宜诺斯艾利斯有一处被叫得极响的人文街区，名为圣特尔莫区。它的最大特色，是集聚了南美洲最典型、最有特色的民间古董小商品，而这些商品动辄具有百年历史。在这里浏览南美的民间古董和艺术品，欣赏一两百年前从欧洲流传而来的舶来品，会令人感到自己正在游弋穿梭于时光的隧道。

圣特尔莫是布市最为古老的街区。早在1716年，这里即形成居民点。1732至1734年，为了纪念西班牙和意大利的神父，这里兴建了贝伦圣母教堂。如今，这座古老的教堂依然是圣特尔莫街区最值得骄傲的历史遗迹。

19世纪起，这里就是布市最为繁华之地，已建有各式商场、餐厅、旅馆和咖啡吧。但自20世纪20年代起，市区其他地方的繁荣致使这里渐呈颓势。90年代开始，市政府

↓拉普拉塔河畔高楼林立，现代城市感觉十足

开始投资翻修道路。被修缮过的房屋和街区，使得这片古老居民区重现生机。

　　每逢双休日，圣特尔莫便形成极为喧闹壅塞的文物古董和民间手工艺术品跳蚤市场，同时也是街头的简易探戈表演场。这里街道原本狭窄，加上小摊贩两边密密匝匝地一挤占，街心空间愈加狭窄，游人穿行实在需要很大气力。但是，每天前来这里的各国游人无不兴致勃勃，乐此不疲。原因之一，就是每个人都能在这里找寻到自己喜爱和需要的东西，包括驻足观看一两分钟原汁原味的街头民间探戈表演。

↑ 布市圣特尔莫大街上，几位年轻人手拉传统小手风琴，边奏边唱，十分投入

　　在圣特尔莫的一处街角，我欣赏到一位老年男性舞者，身着白色礼服，手执一只长长的雪茄道具，故意背对观众独自缓慢但饶有情致地跳着探戈。他的身躯肥硕，动作迟缓，但举手投足中均契合音乐节奏，一种深深的韵律感渐次弥漫。人们边看边叫好，给钱的人也足够得多呢。

　　穿行于沿街小摊前，耐心还价、细细淘宝，这一过程本身如同心理体操，其愉悦和快感自不待言。特别是当置身于面积不太大的多雷戈广场后，整个人顿时便融化到迷你型古董市场，并且立即与南美老钱币、旧器皿、老画片搅和得淋漓尽致……

↑ 布市圣特尔莫大街上，一位孤独的老年舞者正在跳探戈独舞

　　在一家店堂很深、灯光晦暗的古董店，我被一尊精美的白色石雕少女半身雕像所吸引。那女孩端坐长条椅前，她的相貌温婉甜美，上身半裸，左手正在轻抚自己的酥胸。最精彩的地方，是她手指尖点按胸部之处，那肌肤竟雕出微微下陷的质感，其精妙之甚令人叹奇。店主是位上了年纪的老人，站在一旁热情推介不停。我询价得知仅需1000美元，听口气还可还价，不由心生疑窦，按照我的心理价位，这当值人民币好几万啊。再行端详时才发现，此雕像并非原石凿成，而是用石粉调乳胶翻模复制的一件赝品而已。我只好遗憾地将其搁回原处。

↑ 布市圣特尔莫古董店出售的石雕艺术品《少女》，其形态妩媚动人

　　圣特尔莫是阿根廷最有民间文化风情的小街，也是政府确定的历史文化保护区域。这里不仅街道狭窄，殖民时代遗留下来的建筑也因其砖石裸露而斑驳毕现。在一幢楼房之前，我发现它的下半部分墙皮均已脱落，红砖也破烂得

↑ 布市圣特尔莫大街上，保留百年前的老建筑，其外墙破裂损毁严重，但富于历史气息

↑ 布市圣特尔莫大街百年前的老建筑，历史气息格外浓郁

令人担忧。它的砖缝墙面上被人喷绘出切·格瓦拉的头像，这使得老旧建筑顿时富于生命张力。我被这难得的色彩对比所吸引，正待举起相机拍摄，孰料取景框的右侧施施然走进一位着紫色衣裙的窈窕女郎，她也优雅地举起了相机。太绝了！我高兴地赶紧揿动快门，将此图景捕获而来。

除了博卡区和圣特尔莫，布市其他几个行政街区也异趣横生，足资游历，它们包括有"南美百老汇"之称的市中心商业主街弗罗里达大街、雷科莱塔区和巴勒莫区。

弗罗里达大街全长1050米，东起圣马丁广场，西接世界最长的马路里瓦达维亚大街，1971年被市政府命名为商业步行街。我两次去布市所住的酒店，正好都在这条街的附近，因而时常能去转悠一番。

这条街拥有多家大银行和金融机构，是布市最为繁华的金融一条街，同时也是一条拥有六百多家门店的宽敞平坦的步行街，不仅世界品牌名店鳞次栉比，各色时髦的商场也比比皆是。

阿根廷的主要特色商品是皮革制品。这里拥有多家皮革商店。透过商店的玻璃橱窗，可以看到各色皮衣、皮靴、皮包等琳琅满目的皮制品。

我只要进入这些商店选看皮制品，老板通常会热情邀我去店后生产制作车间参观一二，原来，这里大多为前店后厂。每每如此，我都会端着相机兴冲冲地前往——这种实地了解阿根廷皮革制品生产流程的机会不可多得。

↑ 布市圣特尔莫街头，走过敲击着桑巴鼓的乐队

与世界其他国家首都的金融街不同的是，弗罗里达金融街的街心，允许小贩摆设地摊从早到晚直至深夜。我几次晚上甚至深夜来过这里，发现在明晃晃路灯映照下，著名国际大牌银行威武大门的台阶下，竟然一溜排开着五花八门的地摊，有画写生像的、有卖鞋袜草帽的、有表演杂耍的，也有跳探戈挣钱的……什么人都有，就是没见类似中国城管人员混迹其中。

雷科莱塔区距离圣马丁广场步行只需20分钟，是布市最为知名的高级社区。这里高级公寓林立，高级餐厅、典雅的咖啡厅以及品位高尚的商场比比皆是。在这处街区行走的人们，其衣着和气质似乎都与众不同。这里虽然高楼林立，但处处绿树成荫，繁华中透着灵秀与庄重。外国驻阿根廷大使馆，著名博物馆、展览馆也都着落于此。阿根廷人说，如若有人称自己住在雷科莱塔区的北区，多半会显得有些出身不凡，从而引人羡慕。

↑ 布市圣特尔莫大街上，一位女艺术工作者正在现场制作手工艺品

阿根廷有根据墓地判断人的社会阶层的文化习俗。在雷科莱塔区坐落着雷科莱塔墓区，几乎每座墓碑都是绝美的艺术雕塑和建筑精品。

这处墓地始建于1882年，设有6400座陵寝，其中被指定为国家历史文化遗产的墓地就达70处。这里长眠着的多为阿根廷最为显赫的人物，仅阿根廷共和国的总统就有13位之多。"阿根廷玫瑰"艾薇塔·庇隆夫人就埋葬于此。她虽已逝世了60多年，但我依然看到她的墓前鲜花不断。

雷科莱塔区内著名建筑和景点还有不少，如柱状圣母小教堂、国家美术馆等，都是阿根廷历史的象征之物，也是人们喜爱流连之所。

巴勒莫区，是布宜诺斯艾利斯48个区中面积最为广阔

↑ 布市圣特尔莫大街上，一位女士正在销售她制作的指偶工艺品

↑ 布市圣特尔莫大街上销
售牛皮的摊点

↑ 布宜诺斯艾利斯的现代化高楼

的区，还是文化格调高雅尊贵的地区。

　　这个区的沿岸大街西侧通往贝尔格拉诺区的大学城，北侧沿拉普拉塔河就进入市中心。沿岸大街旁是宽阔的机场，可在这里乘坐过飞往阿根廷国内机场的小型航班飞机。机场旁是巴勒莫公园，公园面积占据本区一米以上面积，足见市民是多么依赖这处可以给全市人民带来安恬游览的憩园。这里还坐落着国家装饰博物馆和"何塞·埃尔南德斯"博物馆、植物园、布市动物园，以及东方文化韵味十足的日本花园。■

↓ 布市市区内小机场，周
边高楼林立，只能降落中
小型客机

↑ 从低空鸟瞰布宜诺斯艾利斯郊区的别墅群

十、"中国城"：
阿根廷的"东方明珠"

在布市，我去过两次"中国城"。

"中国城"位于布市富人住宅区贝尔格拉诺区的阿里维尼奥斯街，拥有三个街口。2009年7月，中国国务院侨办为"中国城"送来高大宏伟的中式牌坊，它矗立于阿里维

↓ 布市斯的"中国城"矗立的牌坊

城 国 中

尼奥斯街口，形象古朴，颜色艳丽，东方气息十足，是中阿两国深厚友谊的醒目象征。

　　长达三百余米的"中国城"，是阿根廷境内中国人最主要的集中居住街区。阿根廷境内第二大规模的"中国城"，位于第二大城市科尔多瓦，兴建于2002年，历史较布市的"中国城"要晚许多。

　　中国侨民移居阿根廷的历史始于19世纪末，早年的华侨多为台湾同胞，故此地原名为"台湾街"，至今这里仍保留有台湾地区的非官方文化机构和活动场地。

↑ 布市的"中国城"商店

　　1972年中阿两国建交时，阿根廷境内全部华侨数量仅为700人。近二三十年，从中国沿海地区远涉重洋的中国人一拨一拨地来到阿根廷，已定居的华侨逾10万人，其中台湾同胞约为1万人。现在，这里由华人华侨经营的超市、商店、餐馆、发廊、牙医诊所一家连着一家，更有数家以教授中文为己任的中国文化中心。不过我进到一些商店看了看，发现出售的中文图书和中文音像产品均较为过时。信息迟缓滞后使得这些媒介难以担当中华文化信息源主流传播的重任。

　　生活在"中国城"的华人多为中国沿海地区移民，那些从中国内陆来阿从事经贸、学术交流及留学的人员，大多并不居住于此。但他们也常来"中国城"，既为吃一顿解馋的地道中餐，又为能买到别处买不到的中餐烹饪调料，更为能痛痛快快、亲亲热热地说说中国的家乡话。

↑ 阿根廷厨师正在教授中国客人包阿根廷的"饺子"

　　2006年，布市政府将此街正式命名为"中国城"，并决定凡周末、节假日和中国新年，这里的主干道都被列为步行街，以利华人举行庆祝集会，这些举措令旅阿华侨倍感欣慰。今天的"中国城"，每逢中国春节时都要举行庙会，到处张灯结彩、鞭炮齐鸣，中阿两国青年合舞龙灯，各路游客共品中国小吃，气氛和谐热烈，成为布市一道靓丽的景观。

　　阿根廷作家博尔赫斯说过："每一个街口、每一间咖啡厅、每一张旧木桌，都在诉说着往日的故事。"

　　是啊，这里的每一处街区，何尝不是每时每刻地在诉说着阿根廷的沧桑故事呢？■

十一、水光潋滟的 巴拉那三角洲

巴拉那三角洲，是布市郊区的一处水乡泽国，也是越来越被阿国内外游客青睐的著名景点。

布市原本就濒临宽阔的拉普拉塔河，整座城市形同海滨之城，人们眼中并不缺水。但是，为什么布市的市民们仍然会对这里的水情有独钟？

机缘巧合，我得以乘船出游巴拉那三角洲，实地领略那片水巷纵横、大小岛屿星罗棋布的绝妙景观。感悟这一距布市30公里的"虎城"，以及由此发端的巴拉那河，何以会是布市居民一窝蜂地要去消夏的最佳去处之一。

↓ 巴拉那三角洲两岸风光无限

↑ 布市巴拉那三角洲水道中游船如织

位于"大布宜诺斯艾利斯"区域的"虎城"，因古代此地常有老虎出没而得名，至今城里还竖有老虎（露出两只长牙，貌似剑齿虎）的大型雕塑。

自20世纪初，这里便因地处拉普拉塔河流域，且有全长4500公里的拉普拉塔河最大支流巴拉那贯通，而湿地河溪无数，水道四通八达，几乎与水齐平的地面绿树成荫，青草翠翠，形成极美的湿地景观。

↑ 巴拉那三角洲岸边别墅

此外，它的岸边极易建造亲水别墅，布市有钱人多会在此修建一处"行宫"。百多年来，这里逐渐形成遐迩闻名的亲水休闲旅游胜地，透过水岸林木望去，规格不一的别墅群落鳞次栉比，在绿树的掩映下极为幽静深邃。

我在虎城码头登上一艘旅游船，沿着巴拉那河往返游弋了两三个小时，中途还在一家餐厅舒舒服服地就餐。那家餐厅坐落在巴拉那河畔，必须踏上趸船才能进入餐厅。记忆中餐厅窗外并排的大树上，参差悬挂着松鼠、大嘴鸟等小动物的彩色瓷雕玩偶，远远看去，还真以为有可爱的动物在树上嬉戏呢。

整个航程，我一直站立船尾把两岸景色频频摄入镜头，但回去后细加赏析，发现辛苦了一路，却并未拍摄到非常有趣和有艺术价值的照片。回想起来，那天的天气一直阴沉压抑，加之正逢涨水之季，河水一片浑浊褐黄。这样的景色自然在照片中提不起神来。不过我依然能够想见，一旦进入春夏之交，这里的河水碧绿清澈，游艇穿梭于水巷隧道时，那景色势必绿线流荧，美不胜收。■

十二、我在布大讲中国故事

↑ 布宜诺斯艾利斯大学一景

布宜诺斯艾利斯大学（UNIVERSIDAD DE BUENOS AIRES），与我有过亲密的精神邂逅。

2010年1月19日下午，我应邀在该校的孔子学院做过一场专题演讲《中国油画中的女性和青年故事》，历史两小时的演讲反应热烈而积极，百余师生和各界听众出席。演讲结束后，很多听众依然不舍离去，大家围着我希望还能听到更多的中国故事。

布宜诺斯艾利斯大学是阿根廷排名第一的综合性大学。它始建于1821年，现设有4个学院，包括农艺系、建筑设计和都市化系、经济学系、数学和自然科学系、社会科学系、兽医学系、医药学和生物化学系、哲学和文学系、牙医学系和心理学系等13个系、200多个专业。此外，它还拥有8所大学分校中心、里卡多·罗哈斯文化中心、大学出版社、10座博物馆、13所图书馆。每年的在校生为2万余人。

布宜诺斯艾利斯大学可谓人才辈出，100多年来培养出众多现有国际声誉的专业人才，现任梵蒂冈教宗方济各、理想主义者切·格瓦拉等都是它的校友。该校荣获过"诺贝尔奖"的教授就有3位。

尽管历史悠久，但布大一直致力于鼎新革故，从来就有摒弃保守封闭办学弊端的传统，因而十分注重教育改革和引进新生命力。1992年，该校高级理事会决定每4年举行一次教学人员普查，以便了解现有教职人员的学术水平。在布大想靠"混日子"过活的教职员工并不多见，也难待得下去。

最有创意的，是这座大学竟然拥有一家像模像样的正规电视台——布宜诺斯艾利斯大学电视台。它开播于1996年，现有6个频道，以有线方式对社会全公开播放，是在阿根廷拥有重要影响力的主流媒体。

邀请我前往演讲的，是布宜诺斯艾利斯大学的孔子学院，也是这所百年老校一张新的东方面孔。布大孔子学院于2008年8月21日成立，在2011年已开设了20余种汉语言及中国文化教学班，累计招生1684名；文化活动参加人数3200多人。就在这年6月，孔院还成功承办了2011年伊比利亚美洲地区孔子学院联席会议，使该院在阿根廷和周边国家影响力得到提升。

我到布大演讲的计划，是与时任中国驻阿根廷大使曾钢先生一起商议的结果。我们决定依托布大得天独厚的传播平台，向阿根廷人民讲述中国故事，为提升中国文化软实力作出贡献。通过与布大语言研究中心主任冈萨雷教授磋商，决定将演讲安排在孔子学院进行。

布大的孔子学院位于布市科尔多瓦大街2122号，是闹市区一条较为僻静的街道。当天下午，我谢绝了大学提前派车到我住的酒店接送的好意，决定自己一人乘坐地铁，并很便捷地找到学校。

走进演讲厅后我意外发现，尽管离开讲还有半个多小

↑ 布宜诺斯艾利斯大学语言中心主任冈萨雷（左）和作者互赠中、阿国旗作为纪念

← 2009年12月，作者抵达阿根廷后，时任中国驻阿根廷大使曾钢（中）、时任文化参赞张瑞（右）予以亲切接待，并对作者的文化交流活动给予大力支持

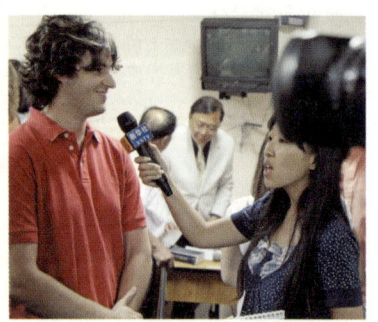

↑ 作者（左）在布宜诺斯艾利斯大学讲述中国故事。右二为中国大使馆临时代办蔡维泉、右一为中国大使馆文化处一秘姜璐

↑ 阿根廷大学生向新华社常驻阿根廷记者表示，中国主题演讲大受欢迎

时，但会场已经坐了很多人。冈萨雷教授向我介绍听众席里的布大哲学和文学系的多位教授、博士，以及里卡多·罗哈斯文化中心主任等学者。中国大使馆临时代办蔡维泉先生和文化处姜璐女士也到场聆听，以示支持和重视。

"中国文化主题的演讲非常受欢迎啊！"冈萨雷教授笑逐颜开地说道："上周我们发出电子邮件演讲告示的当天，就有五十多人踊跃回复说要出席；没想到今天一下子就来了一百多人！"果然，开讲后我发现，在会场后排站满一排排的听众。

我讲述的"中国故事"，既是对中国油画艺术的赏析，又是通过画面展现中国社会的人文情怀，"故事情节"与"画面感"相得益彰。当我用PPT逐一展示60幅中国油画作品，并从画面主题，主人公形象，文化象征性，油画作品的色彩、构图、意境，文化学，社会学等层面进行分析时，台下听众全神贯注。我知道，这些中国故事能帮助阿

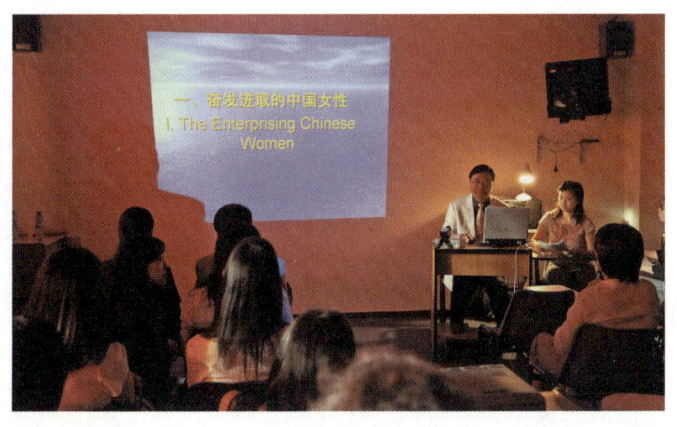

←作者（后右二）在布宜诺
斯艾利斯大学讲述中国
故事

根廷人了解遥远的中国的国情，在欣赏中国文化艺术的同时，形象并直观地图解什么才是中国人孜孜以求的"中国梦"。

演讲结束后，有几位听众在接受中国新华社常驻阿根廷记者的现场采访时激动地说："我们感谢演讲，它帮我们推开观察中国的窗口！""我希望能早日去中国走走看看！""阿根廷人欢迎中国的文化艺术！"　■

↓作者（前白衣者）演讲后
与部分听众合影

第三章

"从科尔多瓦钻孔，地球那边是武汉"

一、美景遍布
世界遗产之城

↑ 科尔多瓦街头骑警

↑ 作者（前中）和女儿余袤（前右三）与科尔多瓦的学生合影

科尔多瓦，阿根廷第二大城市，阿根廷国家的心脏之城。有专家说："若是从科尔多瓦朝地心直接钻孔打通到地球的另一端，那头的出口将是中国的武汉市。"

得知这一信息，我这个地道的武汉人意趣横生：武汉恰好地处中国中心啊！看来我怎么也得去一趟科尔多瓦，说不定能打个洞"哧溜"直接回家！

我的成行，得助于中国驻阿根廷大使曾钢先生的热情相邀。我在布市期间适逢元旦假日，中国驻阿根廷大使馆组织馆员集体赴科尔多瓦看望当地华人华侨并访问交流。在曾大使的邀请下，我和中国的外交官们于除夕深夜乘上长途大巴，在潘帕斯大草原平坦的省际公路驰行700公里，于天际熹微时抵达科尔多瓦市。

阿根廷的旅游大巴干净舒适，座椅平放下来基本可呈躺椅状。我和大家一样，各自领来一条封包于塑料袋的洁净薄毛毯，在温度适宜的车内中静静一觉，轻轻松松地就到了向往已久的目的地。

科尔多瓦是仅次于布市的阿根廷重要都市。其实它的城市发展历史比布市还要早好些年。它的人口一百多万，是著名的大学城和科技工业重镇。从地理上看，它既位于安第斯山脉之下，又起始于潘帕斯大草原；从人文上看，它是安第斯的印加文明、潘帕斯的高乔文明和19世纪以来欧洲大批移民带来的欧洲文明，在南美洲最为集中和最为典型的交汇融合之城。这座古城始建于1573年，17世纪成为西班牙耶稣会在当地的宗教和经济中心。18世纪，这里建造了耶稣会城区、大教堂、隐修院、科尔多瓦国立大学、蒙特萨拉特国立中学等。这些旧址已被联合国教科文组织

科尔多瓦市中心广场上的纪
念柱尖细锋利直插云天

↑ 科尔多瓦大教堂典型的西班牙风格钟楼

于2000年列入世界人类文化遗产名录。

科尔多瓦市中心大教堂，以雄伟的巴洛克风格闻名遐迩。它始建于1697年，建成于1784年，其外观至今依然焕然一新，处处发散着宗教文化的熠熠光彩。大教堂旁是18世纪建造的国会大厦，那西班牙式长排状的"办公室"建筑样式，我在拉美多国都有发现。它现在已是收藏阿根廷历史文献的主要博物馆。

入夜时分，大教堂和国会大厦被橘红色外照光所笼罩，凸凸凹凹的结构，起承转合，张弛有致；温润的光晕团团投射于外墙，那砖石表面或阴影，或锃亮，原本生硬的角度，竟被渲染得极富生命的张力。

我坐在广场椅前，静静地端详这些已经矗立三百多年、依旧完好如初的建筑，时空错位、物是人非……一种恍恍惚惚的失重感，悄然涌上心头。

我又去了科尔多瓦国立大学。1613年建校的科尔多瓦大学是阿根廷最为古老的大学，在拉美仅晚于秘鲁首都利马的圣马科斯大学，排名第二。现有学生10万余人，大学附有天文台、研究中心等专题科研和实验机构。

科尔多瓦大学对阿根廷政治的影响直接表现在20世纪60年代。1969年，由科尔多瓦大学学生和劳动群众发起的反政府运动，直接推翻了翁加利亚总统的统治，总统因推崇庇隆主义及对劳动者的过分压榨而被迫退位，但示威的学生也死去了一百多人。从这座高等学府走出的精英人士数量众多，仅阿根廷共和国总统就有五位。■

古城科尔多瓦的
大教堂金碧辉煌

二、帕斯小镇风情多

科尔多瓦的周边也有诸多美丽景色值得欣赏。

距科尔多瓦38公里处的卡洛斯·帕斯小城，是阿根廷著名的避暑胜地。这座仅有四五万人口的小城，每年前来避暑的游客竟达百万之众。而且这里还是名人切·格瓦拉的出生地。

帕斯小镇有片面积约2500公顷的科登湖，登上旅游船，在碧波荡漾的水面，时而有水鸟洁白的翅膀飞速掠过，时而有水上运动员的快艇和帆板竞逐，宁静开阔的湖面，

↓科尔多瓦帕斯镇的科登湖

当船掠过时，竟是那么热闹非凡。

在这处湖水之畔，仁立着一靴状小山，其名果然叫"靴山"。我乘缆车上到山顶，可以纵览大科尔多瓦区的全景。

从科尔多瓦出发，我们的车驶往可布拉达德尔孔多里托国家保护区。越驶近林区，越发现路两侧生长的碧东茄林树渐渐茂密起来。当驶入树干笔直、密密匝匝的碧东茄林后，兀地发现，眼前不断有数只乃至数十只兀鹰腾翅而起，绕着树梢盘旋飞翔。突然，天边出现一大片兀鹰正展翅漫天冲将过来，天际顿时被大鹰的翅膀遮挡得一片阴森晦暗，令人顿生恐惧之心。

再仔细观看碧东茄林，那高高的树梢上满是兀鹰的一团团黑乎乎的巢穴。原来，这片自然保护区是政府为了保护兀鹰，使其有筑巢栖息之所，而于1996年特别栽种面积多达37000公顷的碧东茄林的生态环境。

元旦之夜，我来到帕斯小镇时不禁被惊呆了——到处人头攒动，满眼熙熙攘攘，小镇和周边几乎所有居民此刻竟全都涌上了街头！

帕斯小镇上，此刻所有的餐厅全部爆满，所有商店也挤满客人。更有无数孩童，手执家长给买的气球和玩具，

↑ 科尔多瓦帕斯小镇科登湖面船帆点点

↑ 科尔多瓦帕斯小镇的一间民居

↑ 新年之夜科尔多瓦帕斯小镇狂欢人群

↑ 科尔多瓦帕斯小镇新年之夜狂欢的人群

大声叫喊着、兴高采烈地在行人堆里穿行玩耍。人人脸上洋溢着笑容，个个穿着整齐的服装，新年的降临，不像在世界其他地方是靠人为的装饰品和大红大绿的广告，而是凭着一张张如花笑靥和鼎沸的人声潜入人心。

　　壅塞的人行道早被挤放着狭小的餐桌椅，多为家庭团聚的食客们，正边进餐边举目观赏街头摩肩接踵的行人。我瞅了一下食客们的餐盘，发现基本上都是简简单单的奶酪比萨，没什么人点牛肉大餐，也没多少人喝酒。但低廉的消费并不妨碍每家餐厅的人气爆棚。那天晚上街头的盛况，是我在除了中国以外的任何地方都没有领略过的。显然，新年之夜的街头狂欢，是深受平民欢迎的精神盛宴，尽管盘中只是一片薄薄的批萨而已。

　　在帕斯镇一家小旅游品店铺的橱窗里，我见到用整张犰狳外皮做成的暖瓶装饰品。那暖瓶乃是当地人用来喝马黛茶的常用工具。但那皮一看就是从活犰狳身上生生剥下制成的，且创意与造型十分丑陋。如此虐待小动物，令我的侧隐和反感之心瞬间泛起。■

科尔多瓦帕斯小镇上的孩童

三、旅阿华侨的 祖国情怀

↑ 爱国侨胞黄依太先生

在帕斯小镇，我结识了旅阿华侨黄依太先生。

黄先生六十来岁，身材瘦削，戴着一副眼镜，脸上总是一副笑眯眯的模样，是一位精明、友善的旅阿华侨。他在布宜诺斯艾利斯和科尔多瓦都有自己的生意，儿子在科尔多瓦主管一家中餐酒楼。

在科尔多瓦酒店客舍，黄先生向我回顾了自己在阿根廷打拼的生涯——

我于1949年生于福建省长乐市。1966年"文革"刚开始时初中毕业了。此后下乡当知青务农8年，1993年移民来到阿根廷。

一到阿根廷，我就投资7万美元开了一家中餐馆，等后来想卖掉时，发现市值只值3万美元，我只好硬着头皮继续开办下去。在中国大使馆的支持下，我们福建移民成立了旅阿第一个华侨组织"福建同乡会"，大家推选我担任常务副会长。担任此职后，我便身处各类事务和纠纷中，为华侨摆平各种麻烦，纾解各种纠纷，出面与阿根廷政府交涉解救被捕的华侨……这几乎成为我每天的工作常态。

1994年起，福建省一些农民通过蛇头非法偷渡来阿根廷。他们中有些人被警察发现没有合法身份后就会被关进监狱。这些非法移民在监狱里常常饿肚子，很凄惨。我得知此情况后，便将餐馆盈利的1万美元取出用来做每日三餐，整车整车地送到监狱，给被关押的非法移民吃。这种局面一直持续两个多月，直至这批非法移民陆续被遣送回中国。

我非常反对非法移民，但也知道这批偷渡者在国内肯定是借了蛇头的高利贷，他们也是受害者，因此对他们充

↑ 科尔多瓦市的阿根廷国旗广场，作者（后中）与中国大使馆全体馆员合影

满同情。毕竟是自己的同胞，见到他们蒙难，我怎能袖手旁观？

对于合法来到阿根廷的中国新移民，当他们遇到困难，我常常会及时伸出援助之手。我曾经借钱给新移民帮他们开办小菜场，帮助他们尽快自食其力。在我和大家的帮助下，这些新来的华人又开了杂货店等生意，全家生活由此有了着落。看到他们能过上安定的日子，我的心里别提有多高兴了。

当得知中国政府将向布宜诺斯艾利斯华人居住区捐建"中国城"牌坊的消息后，我们全家和所有旅阿华人都非常兴奋，我也捐款3966美元以表心意。我早年在福建曾有过建造牌坊的经验，在建牌坊的那段日子里，我一直参与协调和建造工程的全过程，甚至连晚上值班照看建筑材料以防被盗这种事，我也干得很开心。当我看到"中国城"的牌坊终于高耸起来的那一刻，作为一个中国人，我充满自豪！

我为祖国所做的最难忘的事情，就是参与接待过中国南极科学考察船"雪龙号"全体科研人员、参加了布宜诺斯艾利斯的"奥运圣火传递"等活动。这些活动都使我切身感受到祖国的温暖和强大，对全体旅阿华人起到极大的精神支撑和鼓舞作用。我虽然身在阿根廷，但时时刻刻能感受到自己融入祖国的大家庭的温暖中，自己依然是祖国不可或缺的一员，这是最令我骄傲的事情。■

第四章
七彩霓虹萦绕苍茫高原

一、壮阔高原上的
胡胡伊和萨尔塔

↑作者（左一）和女儿余泉（右二）与萨尔塔省旅游局官员合影。此图曾载萨尔塔省政府官网新闻网页

↑"欢迎光临胡胡伊！"

我在萨尔塔和胡胡伊两省旅游局官员的接力陪同下，乘坐两省专车游历了阿根廷最为壮美的西北两省。

从胡胡伊机场驶往萨尔塔，我得以长距离地饱览胡胡伊省的诺斯珀苏艾诺斯自然景观保护区、萨尔塔省的卡尔东内斯国家保护区和巴里图国家保护区。

一路下来，脑海里胀得满满的，全是对南美高原壮阔长廊的印象：

那里既有荒芜贫瘠的红土高坡，又有满目翠色葱郁的云雾森林；既有干旱少雨、空气干燥得几乎点火就着的炎热山冈，又有湿润如中国江南之夏的幽林小径。一切都是那么实在，但又感到无比虚幻——我难道真的是刚刚去过红褐交加的烈烈荒原？怎么此刻却置身于绿草如茵、溪流淙淙的绿色世界？

在没有去过阿根廷前，我对这片南美大地的最原始印

→阿根廷西部陡峭的石壁

象，竟如后来在胡胡伊和萨尔塔所见，应该是高高的仙人树遍布山野；山坳上，戴着黑色高顶圆边礼帽，身着彩色长裙的印第安人，沿着蜿蜒的土路匆匆而行……

及至去了布宜诺斯艾利斯，发现竟然身处一个欧化十足的现代"小巴黎"后，我不由得有点怅然若失！那些土风盎然的印第安人去哪儿啦？到了胡胡伊和萨尔塔后才知道，他们都藏在这儿哩！

这部分人是农耕部族，他们使用挖掘棍作为主要生产工具，并且种植玉米、大豆和辣椒。在低纬度，土豆生长得不好。此外，他们日出而作，日落而息，在原生态环境下放牧美洲鸵和羊驼，以作为蛋白质和做衣服用驼毛的来源。在街头，我经常与迪亚吉塔人擦肩而过，他们总是目不斜视地低头走过，对我们这些外族访问者，仿佛并不在意。

其实这也很好理解。阿根廷的国土分为巴塔哥尼亚高原区、安第斯山区、东北地区、西北地区、潘帕斯平原区等五大地区，而巴塔哥尼亚区和西北地区都是外国游客除首都布宜诺斯艾利斯之外的首选之地。

西北地区包括胡胡伊、萨尔塔、图库曼和圣地亚哥-德艾斯特罗4省。这一地区海拔均6000米以上，东部地区大部分是海拔200米以下的平原，北部为荒漠干旱台地，是典型的大陆性气候，昼夜温差达34摄氏度。萨尔塔和胡胡伊省盛产烟草、柑橘和香蕉。而且它与玻利维亚、智利和巴西接壤，其中与玻利维亚有多个通关口岸，因而随处可见身着民族服装的当地居民。

这里的拉普拉塔平原，还有别处难得一见的特殊景观——南美高原的动物不计其数。安第斯山火烈鸟、小羊驼、原驼、美洲豹、赤狐、臭鼬、雕鸮、安第斯秃鹰和赤狐等，可谓随处可见。狍、美洲野猪、嚎猴、美洲豹、貘、美洲野猪、蚁熊、蜜熊和犰狳也时常出没于山野荒坡和密密耸立数米之高仙人树的林岗。

更有阿根廷五个大的石油和天然气蕴藏区分别位于胡胡伊、萨尔塔和福莫萨省，这里拥有丰富的矿产量，有价值的矿产有八十余种，其中有色金属矿产最为丰富。■

↑ 胡胡伊省地处阿根廷西北部，漫山遍野长着高大的仙人树

↑ 作者在仙人树丛的留影（余衮摄）

二、这里的印第安人从哪来?

↑ 习惯戴礼帽的胡胡伊地区印第安妇女

↓ 戴着高礼帽的印第安老年女性正坐在阳光下的台阶上

在胡胡伊和萨尔塔的街头，我时常可见身着特征明显、服饰典型的印第安人——无论男性还是女性（特别是年纪较大的女性），均习惯戴黑色高顶圆边的礼帽，这礼帽大多纯黑，女性却又在上面缀饰着某些彩色花纹和图案。它与欧美礼帽大相径庭，最大不同点是帽体高而大，虽然英国流行的绅士礼帽帽体也显高大，但帽体线条有微妙曲线，故而优美而高贵；此地礼帽与之迥异，帽体直筒上升，没有造型变化，从而自成一体地代表着南美高原印第安风格。特别是年长的女性，戴上这种帽子以后，立马显现出安第斯高原土著特色。

此外，这里的女性无论年龄长幼，均习惯身着非常艳丽的彩色裙裾。那艳丽的色彩之夺目和跳眼，皆因桃红、翠绿等均可大面积入色。不过，尽管色泽极其耀眼，但被穿在印第安女性，特别是穿在老太太们的身上，我并不觉得有什么不妥，而是有一种更新奇的、更健康的美感。

其实这世界上还有朝鲜、印度的女性彩色裙装色泽堪

与其比。那里妇女也常会选这类极艳的跳色与补色，远远
看去宛若一只只跳跃的彩蝶。

　　行走于街头的印第安人，见到如我等明显是"老外"
的游客，通常是不愿意与你目光相遇的。他们老远见到要
同我相向而遇时，通常早早地低头垂目，悄然躲闪。我有
时想拍几张照片，总感到似有冒犯之感，主动询问能否允
许拍照时，通常都会被对方小声地拒绝。

　　我进过印第安人群体聚集就餐的餐厅内，大家相聚时
拥挤而热闹。观察他们的食物，多为玉米饼、土豆饼和肉
食菜肴，比较简单、朴素而实在。

　　萨尔塔和胡胡伊省的印第安人，与秘鲁高地的印加人
一样，都能共同反映共有的安第斯文化。

　　有趣的是，这些印第安人的长相，竟然与中国人或蒙
古人十分相像。我有时注意眼前某个印第安人发愣：如果
撇开时间和环境，如果说他或她就是生活在我身边的一个
普通中国人，是完全不会有任何疑问的。

　　那么，这些印第安人最早是从哪里来的？

　　据《阿根廷史》介绍，生活在阿根廷北部这两个省的
印第安人，准确地说应该属于早期的迪亚吉塔人。

　　而迪亚吉塔人又是哪来的呢？该书指出，直到太平洋
海面下降，露出连接亚洲的一个大陆桥即今天的阿拉斯加
的阿留申群岛所在地之前，美洲大陆一直是无人居住的蛮
荒之地。大约从五万年前开始，几个不同来源、不同种族
背景的亚洲部落先后穿过白令海峡迁徙到美洲。后来海平
面上升，淹没了大陆桥，使得这些迁徙者完全与那些亚洲、
欧洲和非洲所谓的旧大陆隔离，走上一条发展自己文化和
技术的道路。直至公元前13000年，这些迁徙的狩猎、采
集部落已经到了巴拿马的达连丛林，在秘鲁和智利建立了
营地。分散的部落穿过安第斯山，慢慢占据了亚马孙谷地
然后从那里向北迁徙，定居在加勒比群岛。再往南，这些
迁徙者的部落稀稀疏疏地分散在今天阿根廷的潘帕斯大草
原和巴塔哥尼亚高原。该书作者指出，这种历史迁徙的痕
迹能够证实，在前哥伦布时期的南椎体部落，为什么个人
主义和独立思想会在阿根廷根深蒂固？这也说明了，为什

↑ 胡胡伊一家农户的印第安
小女孩，十分惊奇地注视
来自遥远中国的客人

↑ 胡胡伊印第安母女

↑ 胡胡伊印第安妇女，正在
用彩色羊驼绒线编织娃
娃出售

么印第安人的面相与蒙古人甚至中国人那么像！

这些迁徙的历史，令我眼前出现一幅庞大的画面：无数不满足于亚欧大陆生存环境的祖先们，携家带口地沿着白令海峡那条大陆桥，不畏艰险、一步一个雪坑地徒步迁徙，缓慢但却顽强地向无边的蛮荒大陆辐射、蔓延……

记得还是1999年，我乘法航班机从巴黎飞往墨西哥城。时差令我无法入睡，于是蹑足走到机舱中部狭窄的休息区。一位同样清醒着的法航空姐坐在那里。见我紧盯着航程显示屏，上面指向飞机正好飞到白令海峡上空。她连

→ 阿根廷西北部印第安人
质朴的泥塑，是绝佳旅
游纪念品

忙打开舷窗遮光板："您看看窗外吧，白令海峡！"我急忙凑上前，但见万米之下竟然是极其灿烂辉煌的景观——那里正是真实的白令海峡！时值晨光熹微，巨大的冰盖静静地反射着橙黄和玫瑰色的晨焰，原本冷峻深沉的银色冰盖，此刻仿佛幻化成色彩缤纷的调色板，抑或奏响轰轰烈烈的朝阳交响曲。

我的心顿时激动起来，对先祖们迈开豪迈的步伐，勇敢跨越这片无际无涯的冰原大陆，将人类文明衍生传播于新大陆的伟大壮举充满敬意。

由此我也联想到，为什么集体主义和儒家大一统的文化形态，会在我们中华大地根深蒂固、千年不变？几千年来的中华民族文明史一再证实，我们无论疆土还是意识形态，都一直是被强烈地和严格地牢牢固化于同一片疆土之内，我们的祖先既从未被外族真正地"异化过"，也没有真正出现过任何大的文化迁徙。直至几百年前地处边缘地带的满族入主华夏，它也不得不自动地融入强大的汉民族文化之中。中华文明的民族生命力至今依然如此稳定与顽强，这与千百年来的疆土稳定和文化凝固性密不可分。

现在清楚了，今天的迪亚吉塔人，就是当年从大陆桥迁徙过去的后裔。说来他们真是我们久远的"亲戚"呢！■

↓ 胡胡伊的大山有一种品格：朴实、壮阔、坚韧、豁达

三、蒂尔卡拉小旅馆
人偶木牌辨房间

↑ 胡胡伊省的蒂尔卡拉小镇，街头难见树木

胡胡伊省的首府名为圣萨尔瓦多-德胡胡伊。这是一个只有17万人口的行政区划。它海拔1260米，始建于17世纪初，至今保留有大量老建筑，是一座极有印第安风情的古城。

在距圣萨尔瓦多-德胡胡伊100多公里远处，有一座极具南美风情的小镇蒂尔卡拉镇。我在这座小镇留宿并游览了大半天。

蒂尔卡拉镇，地处大山深处。褐黄色的大山，几乎没有树木，但却有数不清的高大的仙人掌树。这类巨型仙人掌树名叫 Saguaro，它一杆一杆地坚实敦厚，玉树临风般地彪然而立，在炽烈的阳光下显出铮铮铁骨，力感十足。

小镇街上依然石板相铺，多以泥砖搭建的小屋，影影绰绰，悄然蛰伏，与21世纪相去甚远，静静传递着当年印

加时代的文化密码。走到街外，立即置身于荒芜的峡谷遗迹中。在旷无一人的山间，感受从安第斯山吹来的阵阵凉爽的清风，会觉得生活的惬意无处不在。

很快，太阳沉沦不见踪影，小镇立即暗淡下来。只有远处群山之巅夕阳的反射光依明烁亮，山腰白云缭绕，色泽深蓝的山尖益显险峻峥嵘，蔚为奇观。

我找到在蒂尔卡拉住的小饭店。一见面就有奇特之

↑ 胡胡伊蒂尔卡拉一户农居

↓ 胡胡伊山岗布满如刀剑簇立的仙人树，冷峻寒冽，锐刺横生，令人顿生寒意

↑ 胡胡伊蒂尔卡拉偏远朴素小镇的夜色，十分迷人

↑ 胡胡伊蒂尔卡拉 "Con los Argeles Posada" 小旅馆，图为前台接待员

感：它的门面小到仅一扇木门，屋檐悬挂着木牌，写有店名 "Con los Argeles Posada"，不仔细看很容易被忽略。我敲开紧闭的门扉，感觉很有点回到旧居或入住友人私宅一般。

前台是一间狭窄的小厅，黝黑的木制接待台后，坐着一位面颊鼓鼓、两腮染有两块高原红的印第安女店主。她朝着我亲切纯真地笑着，表示欢迎之意。她的头顶上悬挂着几盏吊灯，那灯罩十分别致，全是口朝下的土色小陶罐，十分可爱。

这位印第安女士将我引入后院。我蓦然发现，那院落其实十分宽敞雅致，花草茂盛丰富，还有蜿蜒的小径，作为旅馆环境委实不错。女士把我引到一间客房门前，递上系有小木玩偶的钥匙。我问房号，女士指指木门，只见中央悬挂着一只稍大的木偶，是穿着彩色斑斓彩服的印第安小孩造型，十分醒目。形象与我手中的小木偶一模一样。我好奇地环顾隔壁左右，发现每个门扉都有此类木偶，只是造型各不相同——原来，此家旅馆的房号，是靠手中小木偶与门上大木偶对应的形状来区分的。

　　我暗想，好在自己是个画家，记忆木偶造型并不困难，如果遇到那些不善记忆形状的房客，该怎么办？

　　推门入室，不由感慨阿根廷人的务实。那室内宽敞亮堂，床铺宽大，床单洁白；加之高的桌子矮的椅子摆放有致，令人顿生舒适宁馨之感。再看墙面装饰，古拙的印第安风情雕塑和绘画，一下子就把我带入胡胡伊的印加古风之中。

　　清晨起床，走到旅馆后侧一片草丛边，见到用木栅栏相围的场地内，正跃动着几只脖颈长长的羊驼。那羊驼长得高大壮硕，毛色有白有黄还有黑黄褐等杂色相间。见我走了过来，羊驼们纷纷朝我聚拢索要食物。正在这时，一位三十多岁的男子双手举着一捆麦草向栏内的羊驼掷去，然后朝羊驼群挥了挥手。那些羊驼赶紧凑上拼命啃食，一场早餐盛宴津津有味地开始了。■

↓ 胡胡伊蒂尔卡拉镇羊驼养殖场的早晨

四、绚烂古镇的
特产花园

↑ 胡胡伊省蒂尔卡拉镇生长
着高达三四米的仙人树

↓ 胡胡伊蒂尔卡拉镇中心花
园一对母子。母亲正在编
织绒线娃娃

胡胡伊省蒂尔卡拉镇中心的街心花园，是一处圆形小广场，入口处植有3米多高的仙人树，那树干上不仅尖刺密密排列，更有许多白色绒毛。这颗仙人树在广场前傲然屹立，一下子就把人们的感觉带入了南美高原深处。

环绕广场的，是琳琅满目的印第安土特产手工艺品的摊贩群。一个个面孔黝黑、表情和善的男女摊主，都睁着大大的眼睛，密切注视着眼前经过的外国游客，嘴里间或吆喝着"古柯、古柯……"

我很喜欢在这种环境中徜徉，卖得少，看得多，拍照也多。摊前摆放得最多的，当属用羊驼绒毛编织的服装。有些女摊主边卖还边在手工编织。大多为披肩、毛衣，以及银质小手工艺品。还有各种各样的辛香调料。由于我不懂这些调料的用途，不敢乱买。

由于羊驼绒毛织物在中国尚不多见（现在中国也已引进羊驼饲养，已有用羊驼绒毛编织衣物的企业了），基于物以稀为贵的心理，我选购了几件羊驼绒编织的毛衣。带回国后才发现，它的毛线过于稀疏，编织工艺也显粗糙且尺码不合，送给亲友后似乎没有收获多少惊喜。

还有一些手工艺品，五颜六色，奇形怪状的，看似十分有趣，仔细琢磨发现与其他地区所见大同小异，碍于路途遥远，我还是放弃了选购。

这里的居民习惯咀嚼一种产自玻利维亚的古柯叶，这是一种温和的兴奋剂，也是一种重要的文化标记。我的导游自己买了一小包新鲜的古柯叶，立即放了几片在嘴里咀嚼着。我好奇地上前一看究竟，他连忙将那纸包硬要送给我。我推辞不过只得接过，往嘴里塞进两片绿叶，嚼了一

↑ 胡胡伊蒂尔卡拉镇中心花园正在兜售挠头器的　　↑ 胡胡伊蒂尔卡拉镇，坐在家门口玩耍的青
小贩和游客　　　　　　　　　　　　　　　　　　年们

下并未有何异常，便悄悄吐出。那小包古柯叶子最终也不知扔到哪儿了。

　　在小镇上，我看见有不少卖古柯叶的摊贩，便好奇地买回几盒带到国内。古柯叶饮料在国内是不便送人的，留下自己喝吧，却没有太多兴趣。我在办公室里放了两盒，一晃两年了竟也没顾上冲泡一杯喝喝，最后只好扔了了事。

　　在小镇餐厅，见有羊驼肉的菜肴，便点上一客，感觉味道鲜美滑润，十分可口。

　　路过一条小街，几个十多岁的男孩正坐在街边石阶上闲聊。他们身边置有一瓶类似大瓶可口可乐的饮料，但色泽显然另类。见我走上前来，一个男孩热情地将瓶子递上请我品尝。我便感谢便接过瓶子抿了一口，发觉味道微苦而辣，也有些甜。大家见我能坦然接受他们的好意，都纯朴地开怀大笑起来。■

胡胡伊省蒂尔卡拉小镇一处
乡村小教堂的外景

五、穿越萨尔塔古老山谷的 "印加之路"

　　萨尔塔省有条古今闻名的"印加之路"。

　　印加之路上有处更有名的"乌马瓦卡峡谷"。

　　萨尔塔的峡谷既多且奇。峡谷一多势必千奇百怪，怪到竟能被联合国教科文组织的世界自然文化遗产名录看中。

　　距离布宜诺斯艾利斯1600公里的萨尔塔，海拔1200米，是阿根廷北部紧邻智利、玻利维亚、巴拉圭的省份。这里与胡胡伊省相毗邻，既有森林茂密的绿色高原，又有干燥炎热的亚热带荒凉大地。这里还是著名的葡萄酒和烟草产区。

↓ 萨尔塔乌马瓦卡峡谷的荒凉与炎热

　　乌马瓦卡峡谷，古印第安凯楚阿语意为"瑰宝之都"。它绵延180多公里，不仅景观壮美奇特，还因其蕴含千百年来的印加历史文明历史遗迹，从而一举入选世界自然文化遗产名录。

　　"印加之路"，其意义不啻中国的"丝绸之路"。它源自"印第安三大古老文明"——印加文明、玛雅文明与阿兹特克文明之一。印加文明的影响范围北起哥伦比亚南部的安卡斯马约河、南到智利中部的马乌莱河，包括了现今厄瓜多尔山区、秘鲁山区部分、玻利维亚高原地区、半个智利和阿根廷西北部地区。阿根廷西北部加入印加帝国的时间较晚。这个地区的印第安人归顺了印加国王托帕·印加（Topa Inca）（1471—1493）后，印加文化的影响从智利、玻利维亚通过萨尔塔的这条路径传进入阿根廷，这就是传说至今的"印加之路"。

　　从17至18世纪，与萨尔塔毗邻的玻利维亚小城波多西，是闻名全球的"世界银都"。波多西拥有令人难以置信的高等级银矿山，很快就吸引各国的采矿人蜂拥而至，人口鼎盛期达到10万之众，一下子成为西半球人口最密集的城市。这个城市在260年间，奇迹般地为全世界铸造了绝大部分的银币，包括欧洲最为重要的英镑、法郎和里拉。

↑ 萨尔塔乌马瓦卡峡谷是阿根廷特色地貌集中之地。图为称为"阿根廷脊梁"的竖形山峦，分外壮观

↑ 萨尔塔乌马瓦卡小镇建筑的钟楼

骑行者前方大山是萨尔塔乌马瓦卡峡谷

萨尔塔乌马瓦卡小镇一座教堂。钟楼上有定时自动开合的神像神龛。每当神龛即将开启时，教堂前便聚满各国游客举起相机，神像会自动向人群挥手

风云际会中，与玻利维亚相连的阿根廷萨尔塔和胡胡伊，修建了阿根廷与"世界银城"互通的要冲。由于安第斯山的险峻和崎岖，这条道路的最佳交通工具不是车辆，而是骡马队。（与中国当年的"茶马古道"何其相似！）17世纪开始，萨尔塔的主要商业吸引力，便是在每年的2月和3月，在该省莱尔马河谷边上的牧场举办的骡子集市。这个集市每年都会吸引成千上万的买家，以及同等数量的卖骡子、玉米、牛、葡萄酒、牛肉干、兽脂和小麦的人。

于是，当年萨尔塔和胡胡伊的乡下布满放牧骡子的牧场。萨尔塔的贸易维持着一个有400座房子、6座教堂、300多名西班牙人的显赫城镇。

笔者从《阿根廷史》中还查阅到一份源自1773年的记录："从布宜诺斯艾利斯赶去的骡子群只有600至700头，它们通常在萨尔塔的草场休息8个月左右……"

靠骡子穿越阿根廷与玻利维亚、秘鲁的羊肠小道，造就了萨尔塔和胡胡伊地区的经贸发展。这些小道史称"白银小道"；至19世纪它演变成更为宽敞的运输大道，就变成了著名的"印加之路"。

中国社会科学院研究员宋晓平在《列国志·阿根廷》中概括"印加之路"的历史价值时说："在古印第安人时期，乌马瓦卡峡谷是印加文化向拉普拉塔河流域辐射的通道。如今，现代化的交通已使其失去了往日的作用，但它在沟通南美洲各民族文化和经济交流方面的丰功伟绩与古人留下的足迹共存。"■

↑ 萨尔塔乌马瓦卡小镇一处纪念碑

↓ 萨尔塔乌马瓦卡小镇风情

六、"七彩调色板"的 疯狂炫舞

我们的车行驶在这条著名的印加之路上。陪同我的萨尔塔旅游局官员提醒："我们很快就要经过'毕加索的调色板'——乌马瓦卡峡谷的七彩山（西班牙语：LOS CERROS DE SIETE COLORES）了！"

我睁大双眼，举起相机，生怕错过美景。

很快，我的眼前就出现横亘绵延的褐红色山谷。我们所在地海拔为1800米，身侧那山显得并不很高，但重峦叠嶂，横无际涯。汽车在平坦的"印加之路"驰骋，放眼位于格兰德河谷上的山峦，亲身感受距今一万多年前从安第

被誉为"毕加索调色板"的乌马瓦卡峡谷七彩山峦，因不同地质年代积淀的多种矿物质颜色自然绘成巨型彩色斑斓的山岩图

↑ 萨尔塔"七彩画山"魅力
无限

斯山脉高原到内陆平原至关紧要的印加文化古道，顿时感
到源起自安第斯山脉寒冷荒原以三千多米大幅地势落差给
予河流的巨大冲刷力度，以及这种冲刷力所形成的大山的
峰巅和沟壑。

　　从最北部的胡胡伊省，经过乌马瓦卡峡谷可去玻利维
亚边境城市拉基亚卡。一路上，峡谷山峦五光十色，熠熠
闪光。

　　精彩绝伦的"七彩山"终于现身了。

　　我们将车停在普玛马卡镇外路边的一个拐弯处，那里
有家住户，空旷的门前还系着两只羊驼，几只鸭鹅摇摇摆
摆地走来走去——这里可是观看七彩画山的绝佳之处啊。

　　不过，立刻有一老汉现身伸手索要买路钱。原来这片
观景宝地，早已被他圈为赚钱的专属之地了。我身上恰好
没带零钱，不免有点尴尬，好在有旅游局的官员赶紧上前
解围无虞。

　　我举目眺望。只见声名显赫的"七彩山"果然非同凡
响！那层层叠叠的山体之上，果真被分布成赤、橙、黄、

↑ 萨尔塔的"七彩画山"是
所有来到这条"印加之
路"上的各国游客必定要
摄影留念的画面

↑ 萨尔塔的"七彩画山"

↑ 山体颜色与红色旅馆墙面
颜色非常和谐，阿根廷
旅业极其注重人类与大自
然的和谐相处

绿、青、蓝、紫等多种颜色，不同的颜色形成条条色带，横向地缠绕着起伏的山体，形状极为任性地随着山坡而一个弧形一个弧形地环绕，就像铺设于起伏不平山体之上的一条条彩色的缎带。

有些山整体呈现一种颜色，而与身边另一种颜色的山形成对比，群山不同色，一山有多色。远近高低的众多山峦，就因为绚烂璀璨的色泽变化，顿时显得宝光绽放，充满生机。

这些条缕分析的彩色山体，真的酷似画家绚烂的调色板。但恰好最不像画家毕加索的调色板，因为山峦的颜色毕竟平衡分布得过于规整和有规律。如果硬要安上一个画家，倒不如说更像蒙德里安的画板些。

导游介绍，山峦的土质含有不同的金属和矿物质，铁矿的土红、铜矿的暗绿、磷矿的淡黄、石英矿的灰白……难怪古代这里就会有"瑰宝之都"的雅称！

在乌马瓦卡峡谷前，我一再地停车，一再地流连忘返，绝美景色不断被摄入镜头，整个情绪亢奋无比。

陪同的旅游局官员介绍，今天的乌马瓦卡峡谷，依然残留着古代重要通商路段及多样的遗迹。包括史前狩猎采集者部落、印加帝国及发生于19至20世纪的独立战争的遗迹。千百年来的印加文明，并未完全沉沦于历史的记忆中，巍巍乌马瓦卡峡谷，将无声的历史，隆重而热烈地安放在斑斓璀璨的七彩画廊之中。

我们的车继续沿着峡谷奔驰。两边的褐色峡谷如同宽银幕的公路大片，风驰电掣，排山倒海，壮美的色彩与造型瞬间掠过。

最为神奇的是，我们的沿途观光竟然具有"穿越效应"：刚才还在干燥炎热的红土高原，不知不觉就进入了森林繁茂、草长莺飞的绿色世界。

更有连绵不绝褐红色峭壁、间或独耸的"土树独峰"闪现眼前。经千百万年严峻的地貌造山运动，以及多少世纪以来风蚀雨刷而成，各种奇形怪状的山体土坡，犹如神奇的精灵，一路披挂上阵，使得这条古代的"印加之路"，至今依然惊心动魄，变幻莫测。 ■

红土高坡下的养马场，
红房与山石浑然一体

七、深藏峡谷的
"魔鬼咽喉"

↑ 萨尔塔的乌马瓦卡峡谷的
"魔鬼咽喉"

↑ 萨尔塔的乌马瓦卡峡谷的
农民正在露天面包炉前烤
制面包

想知道"魔鬼"长什么样？这里可以告诉你。

想知道"魔鬼咽喉"有多深？这里也可以告诉你。

距萨尔塔市区180公里处，是由孔查斯河沿岸形成的卡法亚特峡谷。沿着峡谷向上攀缘，很快可进入一个狭窄的隘口。但低头侧身钻入（确是钻入——我弯下腰，将头低得极深身体依然需紧擦着岩石方能进入）后，眼前一片昏黑晦暗，再往前走出十多米，突然，眼前一片豁然开朗。我突然置身于一个极大的"深桶"之中！

那"深桶"底部的面积足有一个足球场大小，地面起伏不平，整个是一不规则环状凹坑。而它的四壁，则是笔直陡峭、线条竖向延伸的悬崖。那崖面岩石嵯峨狰狞，沟壑纵深，横七竖八地直抵必须仰头180度方可一见的蓝蓝天空。那天空比任何时候都要显得更加遥远，它在皱裂坚硬的崖壁顶端，正影影绰绰地露出惨淡的凶相。

→ 萨尔塔的乌马瓦卡峡谷的
"魔鬼咽喉"内阳光直射
坑底

　　几个和我一同进入的游客，个个仰着脖颈望个不停。而我却一再地被眼前的道道悬崖所惊悚——它们犹如无数干枯瘦削的双手，正拼命地伸向上苍，祈求、呼号、呐喊！我蓦然联想，在德国科隆大教堂、在巴西圣保罗大教堂所见的巨型宗教题材雕塑：濒死绝望的信徒之手、那数也数不清的双手，将仅存的一线生的希望全部托付在手指的指尖，是那般倾尽全身之力，伸向虚无缥缈的神祇和上苍。

　　我噤然而立——自己的双脚不知不觉间已经踏入可怖的"魔鬼咽喉"！眼前的悬崖与教堂所见的那些手臂，二者何其相像！

　　虽然"咽喉"顶端的天空只有不大的一团空间，但我去的时辰恰逢正午，艳艳的太阳依然把金色的暖阳毫不吝啬地喷洒进来。一团白晃晃的阳光，直直密密地洒落坑底，像是腾飞的金色粉末，又像是团团炫目的雾气，刺眼的光斑将四周反衬得漆黑一片。

　　忽然，不远处萨克斯乐音幽幽传来。定神一看，一位西方的赤膊男子正端坐阴凉之处，独自沉浸在萨克斯吹奏的乐趣之中。伫立"魔鬼咽喉"，倾听阵阵萨克斯悠扬哀怨的乐音，仿佛有种悲从中来的叹喟。

　　如果希腊神话中的斯芬克斯突然降临此地，面对此景，此乐，他是忐忑，还是忧伤？

　　"魔鬼咽喉"的乐音回响，何其美妙！ ■

↓ 高天之下，萨尔塔的乌马瓦卡画山壮美

八、博德加庄园
葡萄酒飘香久远

↑ 门多萨的葡萄酒是世界驰名优质葡萄酒。图为该地葡萄园内的葡萄

↑ 萨尔塔博德加葡萄酒庄园主人，向作者赠送两瓶优质葡萄酒

→ 萨尔塔博德加葡萄酒庄园的钟楼

　　阿根廷是世界上的葡萄酒消费大国，葡萄园面积占全球3%，相当于南半球葡萄园总面积的三分之一。其中红葡萄酒是阿根廷酒中之最。红葡萄酒中的加本力苏维翁、梅洛红、马尔白克；白葡萄酒中的莎当妮均为享誉世界的名酒。

　　阿根廷人喝葡萄酒的习惯源自宗主国西班牙。历史上的三次移民高潮，更使法国和意大利的葡萄酒酿酒技术被真传于此。阿根廷每年可生产葡萄酒26亿升，产量排名世界第四，人均年消费葡萄酒高达80—90公升。

　　萨尔塔地处亚热带，盛产谷物、葡萄、甘蔗和烟草，是阿根廷著名的葡萄酒产区。萨尔塔历史上制糖、制酒业就十分发达，红、白葡萄酒一直是当地人们的最爱。由于这里的地理位置，特别是日照和通风条件，都比法国意大利等欧洲葡萄酒产区更加得天独厚，因此萨尔塔与阿根廷另一名酒产区门多萨相齐名，拥有"阿根廷葡萄美酒天堂"之誉。

　　海拔1660米的卡法亚特峡谷，是萨尔塔最为典型的优

↑ 萨尔塔博德加葡萄酒庄园主人（左）
正在酒窖向作者（中）介绍该园葡
萄酒

↑ 作者在萨尔塔博德加葡萄酒
庄园品评葡萄酒

↑ 在萨尔塔博德加葡萄
酒庄园品酒的游客们

质葡萄酒产区。我在萨尔塔省旅游局导游玛丽黛小姐和马尔克斯先生陪同下，前往卡法亚特峡谷的知名酒庄博德加，领略了这里葡萄酒的种植酿制技术、品尝了绝色香酒和美味菜肴。

当车驶入峡谷中一片广阔的平地，满目尽是一望无际的碧绿葡萄园。博德加酒庄的建筑很有南美气息，红瓦白墙的厂房，长排平平的屋顶上，淡定地矗立一柱钟塔。

我们沿着身边碧翠缠绕的葡萄架，向着酒庄主楼走去。兀地，不远处钟楼的钟声"当—当—"敲响。只听那浑厚悠扬的钟音，仿佛一张开阔无边的轻薄纱幔，正不动声色地覆盖着整个葡萄园。它像微澜、像清波、像轻雾、像流萤……袅袅婷婷、不疾不徐、微澜轻漾般地渐次滚转铺陈、延伸远方。

此时的峡谷，蓊郁清秀，淡雾横陈。神秘的音波与它亲吻后，立即又一唱一和地发出回声。那回声更是低沉中带清脆，令人难以捉摸。

我仿佛入定一般，被这种无形力量拉住了脚步。自己是在梦境中吗？

酒庄主的美貌女儿是接待我们的东道主。她带领我们楼上楼下地边转悠边讲解。这使我得知，著名的加本力苏维翁红葡萄酒和莎当妮白葡萄酒原来就是产自这一地区的酒庄！

再看酒庄的规模足够大，历史也很悠久，仅那一排排锃亮的不锈钢储酒罐高低错落，幽暗的酒窖陈年酒瓶密密匝匝，就与我在法国波尔多的玛歌酒庄等著名大庄的所见十分近似。

告别前，盛情的主人在酒庄主楼最开阔的露天花架下隆重摆设宴席，请我品尝加本力苏维翁和莎当妮红白两色葡萄酒，并佐以醇香优质的烤牛肉。离席时，主人又取出用彩纸包装得漂漂亮亮的加本力苏维翁和莎当妮各一瓶请我带走。

我在与辛苦陪同的萨尔塔省旅游局导游玛丽黛小姐和马尔克斯先生惜别时，特地把这两瓶名酒转赠他俩以表谢意。■

九、胡胡伊通往萨尔塔的梦幻之旅

从胡胡伊驶往萨尔塔之旅，是我印象极深的绿色之旅。

从布宜诺斯艾利斯飞抵胡胡伊机场后，萨尔塔省旅游局派来五十多岁的马尔克斯先生，驾车五个多小时直驰萨尔塔市。马尔克斯的车开得灵活快速，特别是在海拔两千多米的盘山公路，左一转右一转地让我晕头转向。不过，当他发现我屡屡试图取出相机后，立即友善地说："您如果想照相请告诉我，我立即停车。"

我高兴地连忙点头。殊不知一路美景连连，若要频频停车拍照，恐怕一整天都到不了目的地。只见路侧的山峦全被高密浓绿的森林覆盖，我只好隔着车窗玻璃一个劲地猛拍。不过，一路上还是停过四五次，那是我看到重峦叠嶂中云雾缭绕，极富诗意；一小山坡上有一白墙黄边的教堂状小屋，顶端竖一钟楼，不少孩子在四周玩耍，很有风情；发现几位高乔农民骑手正策马而行，上百匹马前后涌动，典型南美牧马图；更有在农户后院为马修剪鬃毛的场景……■

↑ 萨尔塔广袤的红土地

↑ 萨尔塔养马的高乔人

→ 萨尔塔高原一处小教堂

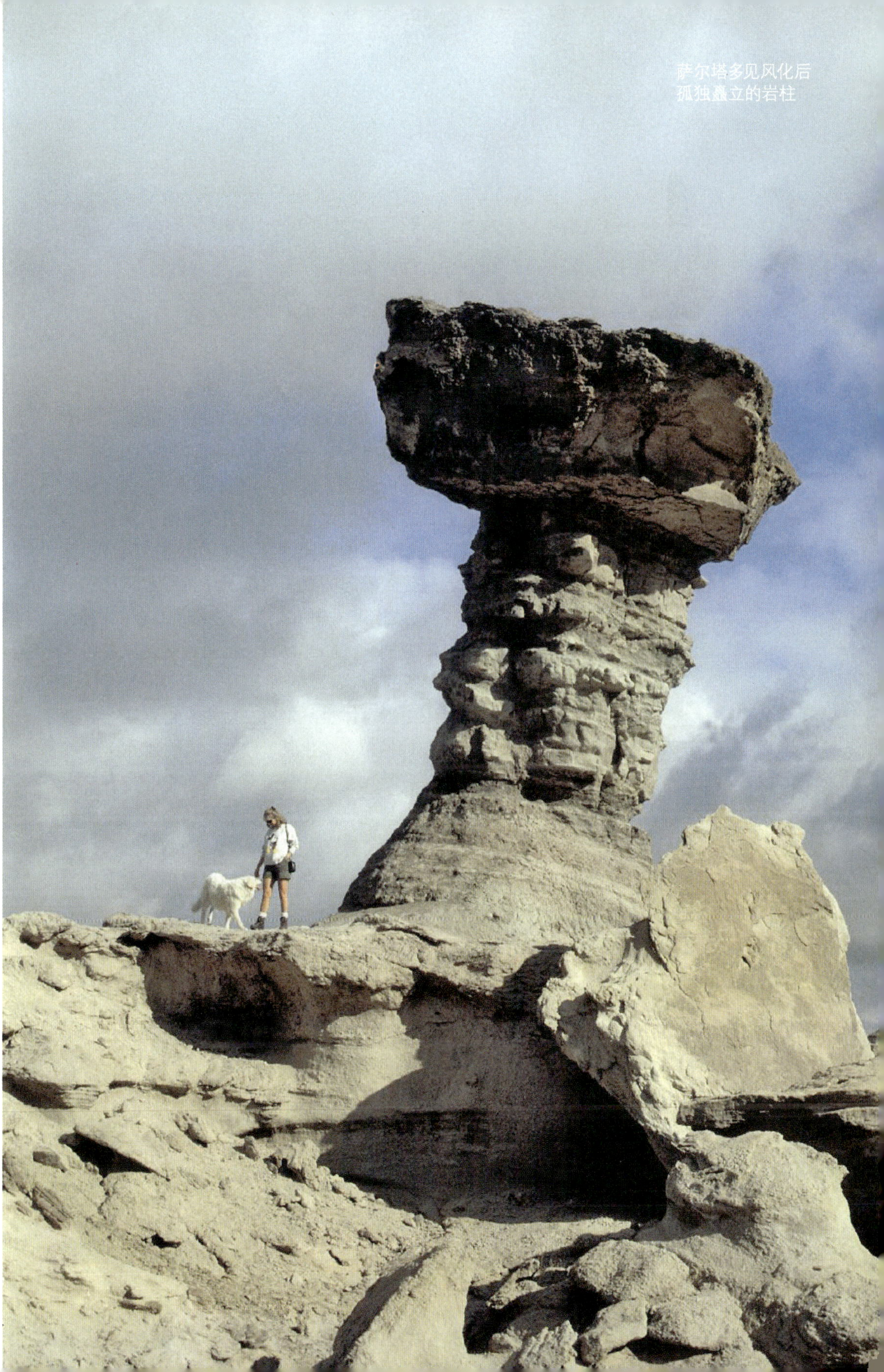

萨尔塔多见风化后
孤独矗立的岩柱

十、数百年前木乃伊
表情如初

↑ 萨尔塔市区入口处，陈列着巨型犰狳的雕塑

↑ 萨尔塔山岭之上遍布骑马者行走的道路

→ 萨尔塔山区一间小教堂的建筑，精巧而质朴

始建于1582年的萨尔塔市，距首都布宜诺斯艾利斯1600公里。这是像历史标本一样质朴无华的南美洲古城。

我站立于城区内的圣贝尔纳多山顶，端详着这座灰色的、披蒙着五百多年岁月风尘的耄耋老城。想象着它虽然位居阿根廷西北部偏僻的腹地，但无愧于历史的嘱托，曾为阿根廷扛起过经贸崛起的橐橐战旗。16世纪起，这里是举世显赫的"白银之路"中转站。秘鲁、玻利维亚的白银，智利阿塔卡马高原的矿产品等物资，都是通过这里被运送到布宜诺斯艾利斯的。

知道这段历史后再体察萨尔塔，就会觉得这座今天依然拥有30万人口的城市，文化厚重敦实，风貌独特。

首先，它的教堂和礼拜堂数量众多，市中心竟有二十多座。市中心为七月九日广场，棋盘形状道路的两旁便是殖民时期一幢幢的老式建筑。这些建筑大多保存完好无损，百年前的市政厅、议事堂等至今仍在使用之中，大多作为

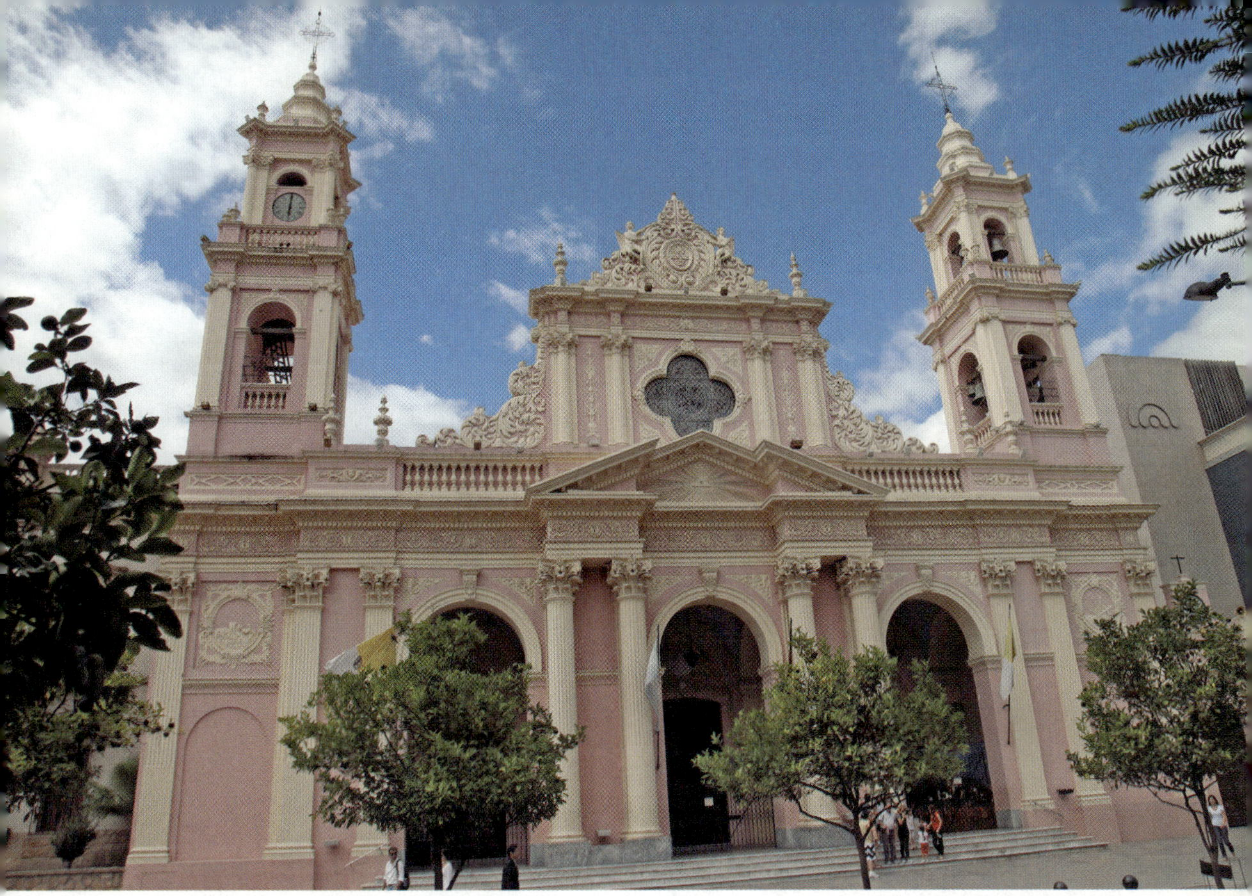

↑ 萨尔塔市区一间教堂造型

博物馆、政府旅游中心等对外开放。

我步入广场前最大的大教堂，巴洛克样式的建筑，古朴典雅，外形庄重。其内金碧辉煌，特别是祭坛中央的耶稣像及祭台，那种繁缛精细的雕琢与描绘，纤毫毕现，琳琅满目，令人目不暇接。这座建造于1858年的大教堂，耶稣雕像和圣母玛利亚雕像均是1592年从西班牙运来的。

我蹑足进入大殿，发现祈祷者已居座椅的半数以上，每个人都正在安安静静地无声祷告，祈求神灵护佑。

阿根廷举国宗教信仰气氛浓郁，90%的国民信奉天主教。早年，天主教会的扩张与西班牙殖民统治同步进行，骑士用火与剑征服印第安人之时，教士则向印第安人布道，劝他们皈依天主教，归顺西班牙国王。今天的阿根廷依然十分重视宗教事务，阿根廷政府将宗教与外交归口为一个部，即外交国际贸易与宗教部。

阿根廷人口以拉丁语系民族的移民为主，天主教占主要地位。但德国、英国、美国和北欧国家的移民也带来其他教派，如基督教新教、英国国教会、路德教会、浸礼会、

↓ 萨尔塔地区街头行走的宗教信徒

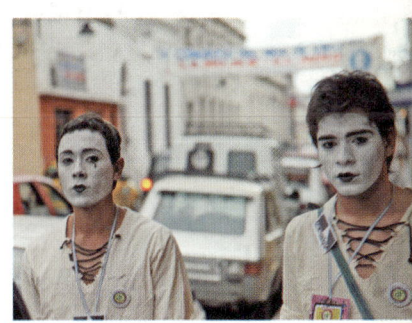

福音会、卫理公会等。"二战"期间,大量犹太人避乱于阿根廷,带来犹太教。还有少量东正教、伊斯兰教和神道交教徒。在边远地区生存的印第安人,至今依然保存着自己的原始宗教,盛行自然崇拜。

正因为几乎所有人都具有虔诚的精神信仰,都拥有令自己敬畏和崇拜的神祇,阿根廷国民的精神家园一直十分稳定且丰富。在近现代史的若干战乱中,全民宗教信仰从来没有出现过断裂和分割。这也就是无数座由老祖宗留下的教堂和礼拜堂,历经数百年也没有被破坏损毁。那种把教堂连根拔除、捣毁殆尽的情况,在这片国土从古到今闻所未闻。

教堂中还有位于卡塞罗斯街的圣弗朗西斯科教堂。它建于1880年,教堂塔高54米,分5段,外墙颜色红白相间,不仅是典型的西班牙风格的南美教堂样式,更是南美最高的一座教堂。

　　这座城市必去的建筑还包括古老的市政厅。始建于1783年的市政厅，是殖民时期建筑中唯一被定为世界文化遗产的阿根廷的国宝。它现被辟为历史博物馆，陈列着从新石器时代以来阿根廷西北部地区的出土文物，其种类琳琅满目，数目众多。馆长得知我这个中国作家是为写关于阿根廷的书而来，于是热情地特许我对任何展品自由拍摄。

　　我重点拍下该馆的"镇馆之宝"——从安第斯山脉阿根廷一侧出土的，11世纪的一具儿童木乃伊。这具木乃伊被蜷缩着密封葬于陶罐内。出土时儿童肌肤尚神奇地保存完好，肌肉甚至还有弹性，面部居然也能看出表情。现在，这件藏品被密封于现代博物玻璃柜内对公众展示，柜里置有严密的湿度与温度监控系统。■

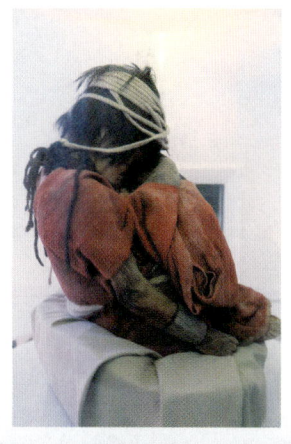

↑ 萨尔塔博物馆陈列的数百年前的儿童木乃伊，保存良好，表情依旧

十一、山顶俯瞰500年前城市网格

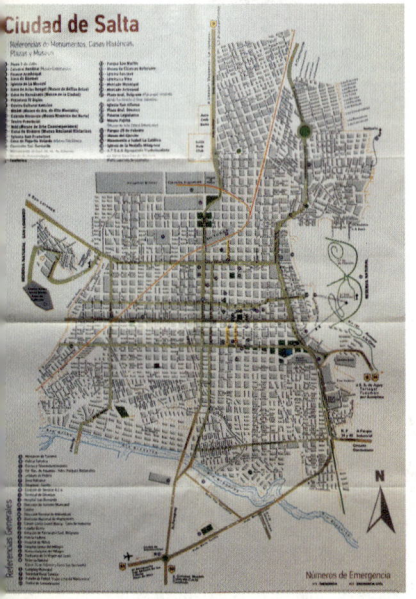

Ciudad de Salta

↑ 从地图上看出，500年前规划建成的萨尔塔市区，其街道纵横划分十分整齐，当年的网格化管理水平令人赞叹

这座城市中心不远处有座圣贝尔纳多山，高1458米，遍布物种丰富的各色植物。

乘坐缆车直抵山顶，我俯瞰位于盆地之中的、海拔1190米的萨尔塔全城，第一感觉就是这座16世纪兴建的老城，怎么条条大街阡陌纵横，方方正正地规划得那么精美！原来，圣贝尔纳多山仿佛是众望所归的视线灭点，从这里始发观察全城，竟然每一条通衢大都笔直得如同刀切一般。无论横向还是纵向，都是那么整齐划一，规规矩矩，毫无杂乱阻塞的违和感。

下山后，萨尔塔省旅游局的官员赠送给我一张老地图，上面是五百多年前萨尔塔建市时，城市规划布局图。那图现在看来，一个概念强烈跳出：网格化！

确实，那画面竟是那般地横平竖直，方方正正，形同规范的网格。五百多年前的西班牙人建城规划，真值得今人好好借鉴啊！我不禁发自内心地点赞。

我住宿之处是老火车站旁的酒店，其大门并不醒目，但房间内设施极佳，各种装饰，特别是灯饰及灯光效果令人神往。在几个走廊过道，灯光制造出的彩色光晕，影影绰绰，如梦如幻。

这天是个周五，入夜后街头游人渐增。眨眼工夫，仿佛所有的萨尔塔人全都走出家门来到街头。沿街所有餐厅无不人流汹涌，家家都把餐桌摆到人行道上。人人都大快朵颐地吃肉喝酒，气氛热烈，不亦乐乎。

当晚9时，萨尔塔旅游局在一家特色餐厅预定席位宴请我。应主人推荐，我点了两客萨尔塔本地特色菜肴，一偏咸一偏甜，但都极美味。

↑ 萨尔塔小镇热情的青年

↑ 萨尔塔的孩子们

↓ 时值12月，在南半球阿根廷的萨尔塔，市区中心广场坐满身着清凉服装正在消夏的市民

　　进餐的两个小时里，分别有三拨印第安风情歌舞演奏小组合入室表演。我发现，他们正在这条街不同餐厅巡回演出，在这家演半个小时后立即去另一家，而另一家的则又来到这里。这些组合人数不多，但专业水准很高，不仅歌喉悠扬浑厚，舞姿也激越欢快，变幻多姿。第一位表演的是位老年吉他歌手。他一进来就注意上了我，当得知我来自遥远的中国后，连忙大声友好地介绍，整个餐厅顿时掌声奏响。我赶紧起立朝四周挥手鞠躬示谢。另一组三人美女舞蹈组合进来后，在狭小的过道熟练地翩翩起舞。她们也注意到我这个中国人，立即上前邀我共舞。这顿晚餐直至12时，尽管我当天奔波劳顿极累，但在萨尔塔之夜氛围的感染下，所有倦意竟然消失殆尽。■

↓ 从高处鸟瞰萨尔塔市区，其数百年前城市网格化规划十分整齐

第五章
力量交织美感的伊瓜苏

一、阿根廷、巴西两侧观瀑有何不同

日记摘抄（2010年1月5日）

……

我于9时许从酒店出发，乘车不便，直至下午1时才辗转赶到伊瓜苏大瀑布景区。

80米！伊瓜苏瀑布的落差吓我一跳！

我看过美加边境的尼亚加拉大瀑布，它的落差为54米；我看过冰岛的黄金大瀑布，其落差为70米。而这里的落差值，堪称地球之最哦。

还有几个数字也绝无仅有：伊瓜苏瀑布分布宽度为4000米，每秒水量高达6.5万吨……龙头老大的位置，感觉就是不一样。

伊瓜苏的名字源于瓜拉尼族的语言，"Igu"意为"水"，

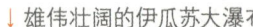

↓雄伟壮阔的伊瓜苏大瀑布

↑ 夕阳辉映下的伊瓜苏大瀑布

↑ 夕阳中的伊瓜苏彩色云团

"Azu"是惊叹之意。流经阿根廷、巴西、巴拉圭三国的伊瓜苏河，是伊瓜苏瀑布的水源，在此处转了一个大弯形成瀑布。就是这个弯，一举造就了伊瓜苏瀑布的高峻、奇险和诡谲。

顺着人流登上观瀑台，我远远就见人潮汹涌，呼声震天。虽然雨雾把每个人都淋得透湿，但人们无不兴奋异常，欢笑声依然此起彼伏，热情爆棚。

终于见到壮阔无比的瀑布了！

只见茶色的河水在我眼前瞬间形成落差巨大的瀑布！那奔涌的水势宽阔雄奇，其多条、多口、多角度地一泻千里，它的上方是时时闪现的彩虹。瀑布奔涌之声如隆隆巨雷，震耳欲聋，气吞山河；而它的水量与倾泻力度更是浩荡雄阔，力重千钧。

位于阿根廷这一侧的伊瓜苏国家公园占地面积为2256平方公里。1984年阿根廷一侧的伊瓜苏瀑布、1986年巴西一侧的瀑布先后被列为世界文化遗产。从阿根廷一侧观看伊瓜苏瀑布，最精彩之处当为"魔鬼峡瀑布"。而巴西一侧则可观看伊瓜苏瀑布的全景。

在轰鸣声震耳欲聋的魔鬼峡旁，是长约1.1公里的彩虹桥。我在这桥上观赏到横亘天际的美丽彩虹。当雨雾和阴霾消散之际，阳光从云层穿透而出，一道（有时还会出现两道，但总是稍纵即逝）彩虹以优美的弧线闪亮登场，美得令人不敢直视。

不知不觉中，雨水加上瀑布腾起的漫天水雾，早已陷我于"泳池模式"。而风向又正好朝我这边吹来，相机的镜头瞬间布满密集的水珠，透过取景框勉强看出，画面一片模糊。我急忙翻找出清洁布不断擦拭镜头上的水滴，更时时担心雨水渗入机身，快速拍过几张后，立即将相机裹匿于单薄的T恤衫内，只是这T恤衫也早已透湿矣！

离开观瀑台，我又参与了最惊心动魄的项目"Adventuru Nautica"，即乘上小艇直驰瀑布水流的下方，勇敢地挑战万丈瀑潭。

　　我们二十多人穿上救生衣，在圣马丁小码头乘上这艘快艇，立即直冲瀑布驶去。瞬间，船体便一次又一次地穿越于巨瀑之下，狂泻的瀑流从天而降，劈头盖脸地直打而下。我惊吓得无法睁眼，却又分外担忧艇首撞击到巨岩。整个过程惊险刺激，险象环生。

　　我们的小艇从河流水面从下而上地仰视多重瀑布，感觉愈加奇谲异样。更有层层叠叠的大小瀑布，参差错落，间或排列，中间穿插黝黑的巨岩，形成美妙的空间。伴之以巨响的狂涛倾泻而下，人此时只觉自身的渺小。

　　从河面仰望瀑布还有一绝，瀑布恰与太阳同一方向，这使得它的后方仿佛亮起一盏刺眼无比的"大探照灯"！在耀眼阳光的衬映下，瀑布如同蒸腾的雾霭，那顿时泛起的仙气，用"云蒸霞蔚，虚无缥缈，奇幻悠然"都难以概括其美……其梦幻感是任何高超的人工科技手段无法仿制出来的。

　　登船前，我已按要求将相机收藏于防水袋内。每当艇冲进瀑下水帘之内时，我也心无旁骛地与全船所有人一样，欢呼、狂叫、笑喊不止。好久没有这样畅快地当众大叫大笑过——估计身边所有人也和我一样。旅游带来的刺激与快感，令人神往而留恋。

　　小艇上有专人为游客摄像（摄像机被置于专业防水罩内），DVD光盘按每张100比索价格出售。我当即决定购买，摄影者于是当晚10时送到了我住的饭店。

　　（告别阿根廷一侧的伊瓜苏瀑布景区，我于一年后的2011年7月15日，来到与阿根廷相向而立的巴西一侧伊瓜苏瀑布景区，得以从另一侧面审视这一著名瀑布。）

日记摘抄（2011年7月15日）

……

我走出车门，脚步刚刚踏上景区地面，就明显感到大地的震动和摇晃！

"地震了？"我蓦然心惊。

再听耳畔那巨大的瀑布轰鸣声，我知道已经靠近了巴西一侧的伊瓜苏瀑布。

穿着薄薄的塑料雨衣，我沿着台阶下到长长的观瀑桥，远远就看到大大小小几个瀑布正争先恐后地奔涌不息。越往前走，河面越宽，瀑布越密集。

一年半前，我在阿根廷所见的伊瓜苏，是大小参差的瀑流铺天盖地密集而下；今天从巴西一侧看伊瓜苏，感觉与阿根廷一侧完全不同——眼前的瀑布造型竟然格外完整，如同一面巨幅完美的大墙，正轰隆隆地劈面倾倒而来！伴随着隆隆作响的巨大水雾，这"墙"排山倒海向我推进。我顿觉何其渺小，心底泛起巨大的恐惧和惊悚感。

在景观桥的尽头，便是伊瓜苏大瀑布最为壮观的"魔鬼峡瀑布"。巨大的瀑流仿佛处于巅峰之端的恶魔，正在肆无忌惮地发狂发疯，无与伦比的放射性瞬间，飞迸的力量使天地遁形于无。我难以想象，这河水来袭时，怎么会产生如此强大的裂变！

位于巴西一侧的伊瓜苏瀑布景区内，还有露天电梯可供乘用。通过电梯上到水流平稳的伊瓜苏河上游，那里可见平稳流淌的河面。很难想象，与它不远处的转弯口，竟然会有那么桀骜不驯的瀑流在奔泻？

……

二、彩蝶伫立游人肩头

日记摘抄（2010年1月5日）

……

在瀑布景区路边的小水洼，或聚停成百上千只斑斓彩蝶。其蝶多不避人，群而伫立泥水边啜饮不停。即便我的相机镜头伸得很近，蝶们仍不避飞。

生活在伊瓜苏景区的蝴蝶多达五百多个品种。眼前的它们正聚集一起，场面瞬间璀璨缤纷，蔚为壮观！

这些彩蝶们大约被瀑布水雾冲昏头脑，纷纷停歇在行人的手臂和肩颈部位，宛若艺术点缀。走在我前面的一名男士，肩上就停有多只彩蝶。正当我举机欲拍之时，身后也传来窃窃笑声，原来，我本人的颈肩上，也栖息着好几只彩蝶呢。

在景区草坪及沿路，见到不少长尾猴或貘状动物，其

↓ 绿翅彩蝶停在泥洼水边吸吮不停

↑ 伊瓜苏蝴蝶谷，成千上万
只彩蝶上下翻飞

并不怕人，在游人中走来走去，有的甚至主动找游客寻食。

更有多只蜥蜴，口吐淡红色箭舌，也在游人脚旁悠闲地爬来爬去。特别是游客扔下面包屑较多处，常聚集三四只蜥蜴活动。

由于观瀑区人人衣服湿透，故有大量的人打着赤膊，有些女性只着比基尼。在炎热的景区，无论道路上还是商店，人来人往之地处处可见坦露得白花花的人体，倒也算是一景。

景区十分整洁，地面无垃圾，无死角。设施也很人性化。如上观光车，均有安全便利的"上车平台"，每位游客均可便捷地上下车。服务人员热情友善，态度亲切。往返坐小火车四趟，每排座刚好挤坐四人。周边游客多为欧美的观光客，也有不少阿根廷和巴西人。

令我有点惊异的是，在游人如潮的景区一整天，我居然没有发现除我以外的其他中国人！这太不可思议了！

……

↑ 伊瓜苏草丛随处可见口吐
红信的蜥蜴

三、乘客司机
亲密共啜马黛茶

↑ 伊瓜苏瀑布景区三国交界地的地标碑牌，标有阿根廷、巴西、巴拉圭三国国名和国旗

日记摘抄（2010年1月6日）

……

我在公交车站乘上公交车，前往下一个景点参观。

伊瓜苏的公共汽车简朴而洁净，车上乘客不多，都很安静地坐着。一路上，这车在居民区大街小巷绕来绕去，乘客上上下下十分方便。45分钟后我终于到达目的地——伊瓜苏珍稀动物救治园。返程时我不愿再耗费这长时间，改乘出租车，结果仅用10来分钟。不过，这是一趟很接地气的"农家乐之旅"。沿途得以观赏不少农舍和老百姓居家外景，有机会领略南美农户饶有趣味的生态环境，倒也别有收获。

途中有位男性乘客上车。只见他左手持一鼓肚子热水瓶，右手拿一马黛茶的饮杯。他刚刚坐定，便拧开瓶盖，将开水到入盛满马黛茶粉的杯内，然后插入吸管一口口地啜吸。那眯眼享受的陶醉模样可爱而令人难忘。

↑ 伊瓜苏公交车的驾驶室悬吊着各种吉祥物

↑ 伊瓜苏景区公交车上，一位旅客神色怡然地品啜着马黛茶

这时，男乘客突然将马黛茶杯递给司机。正在开车的司机也是一位壮硕男士，只见他十分自然地一手接过马黛茶杯，另一手继续把持方向盘，噙住吸管"滋滋"地啜吸两三口，然后反手递还身后。

我正好坐在那位男乘客身后，饶有兴致地注视着这一"共享马黛茶"的融洽和谐画面。这种"不拿自己当外人"的司乘关系，也只有阿根廷才得以一见啊。■

巨龙飞挂，大音希声。伊瓜苏大瀑布景色震撼人心

四、藏匿雨林的 珍稀动物救治园

日记摘抄（2010年1月6日）

......

公交汽车的终点站，设在这家"伊瓜苏珍稀动物救治园"的大门口。这里是濒临雨林边缘的市郊区域。

我下车后立即买票入园。这里形似动物园，但比动物园给予动物的自由要更多，环境也处于雨林的自然生态之中。这里收养和救护着大量在雨林中受伤或无法自理觅食的珍稀动物，如美洲虎、獾（亦称小穴熊）、貘、水豚、食蚁兽、山猫、金刚鹦鹉、大嘴鸟......

珍稀动物救治园的工作人员指着笼内飞来飞去的一群大嘴鸟告诉我：

"这18只大嘴鸟都是从布宜诺斯艾利斯机场查获的被偷运的珍稀动物。查获时它们还是幼雏，准备走私到欧洲

↑ 伊瓜苏珍稀动物救治园收养的濒危动物大嘴鸟

↑ 正在草丛里散步的鸟儿

→ 伊瓜苏景区，小浣熊随处走动并向游人乞食

以每只2000欧元价格卖出。这批获救的大嘴鸟现已长大，并已适应了这里的环境。我们正在营造动物熟悉的热带雨林生态环境。"

我眼前的这些大嘴鸟，显然已经习惯身边来来往往的人类。当我将镜头朝它伸得很近时，鸟儿丝毫没有躲避。

在另一处围栏内，两只珍稀的阿根廷黑猴正在树干攀爬跳跃。工作人员继续介绍："其中一只送来时因从高高的树梢跌落而背部严重受伤；另一只的父母因常常到农户家偷食而被农民杀死，有人发现了这只幼崽孤儿后便将其送来。现在，它在这里已经生活长达14年了。"

我举起相机，准备给昂立于树梢的雄鹰拍照，突然，我发现这鹰尖喙的下半部竟然完全缺失！工作人员解释："当人们在野外地面发现这只兀鹰时，它因下颌受伤无法捕食，正伏地奄奄一息即将毙命。送到珍稀动物救治园后，这里现成的鲜肉使它转危为安。"

这只缺下颌鹰的旁边，还立着一只失明的大鹰，它那可怜的眼眸已呈白氲状。它也只有在这里，才能获得食物保证从而摆脱饿死的命运。

我在珍稀动物救治园，零距离观察到一位男性工作人员对幼鹰的训练过程。他指写有"Falan"字样的宽大鹰笼："里面这对雄雌秃鹰，是濒死前被人发现并送来救治的。它们痊愈后在这里孵化了小鹰。我们等小鹰翅膀长成以后，便将其与大鹰隔离开来进行狩猎训练一到二周。"说罢，这位男士从腰间铁盒取出一只灰色的小老鼠，"呼"地投向幼鹰。那幼鹰连飞带跑地奔向活鼠，三下两下将其叼在嘴中。

男子继续介绍："我们帮助幼鹰学习适应野外捕猎，然后将其放飞，任其自由狩猎生活。通常小鹰被放飞一周的时间内还常会返回向我们索食，不久就完全适应，再也不飞回来了。"

在另外一只大笼子里有一种白色的鸟，那雄鸟叫声如敲钟一般，节奏明快，声音嘹亮，我急忙用视频录下这段珍贵的鸟叫声。

在伊瓜苏瀑布景区随处可见的尖嘴长尾獾，这里也被收养了不少。原来，这些獾都是被无知游客违禁投食，结果撑得胃口受伤的"大胃王伤病员"。它们在这里将适量进食休养一年，待胃口恢复后才能重返景区。

我想起，景区尽管不少地方悬挂着"请勿投食"的警示标牌，但在獾和蜥蜴出没频繁的路边草丛，依然被热心的游客洒满面包碎屑。只见早已吃饱的动物们正慵懒地围着食物转悠，根本没有胃口。游客的"似爱实虐"其实是将个人快感凌驾于动物健康之上的不文明之举！■

五、拖拉机隆隆驶进 热带雨林

↑飞流直下三千尺。伊瓜苏大瀑布一览

→伊瓜苏是生物多样性的天堂

日记摘抄（2010年1月6日）

……

　　离开珍稀动物救治园，我又参加了另一个景区旅游项目——乘坐拖拉机观光车感受热带雨林。

　　那观光车厢是一个长方形车体，前面被一辆高轮大型拖拉机牵引而行。那拖拉机杵着一杆大烟囱，正"突突突"地冒着黑烟。我端坐其后，不得不一口一口地吸入肺部。这种柴油燃烧后呛人的废气味儿我其实早已熟悉——当年下乡当知青时，我曾经开过手扶拖拉机，那味儿与此无异。

　　厢内几排铁椅上，坐定二十多位观光客。一年轻女导游站在前面用英语做着解说。车沿着专辟的林中车道颠簸而行。两旁的树木并不浓密，树干也不粗壮，在阳光下稀稀疏疏地，倒有点像公园不太整齐的绿化带，全然不见图片影视中常见的那种热带雨林景色，更没有想象中的原始森林参天合抱的大树，当然也见不到动辄神秘潜伏出没的蛇虫猛兽了。

　　我对在伊瓜苏这趟所谓的"热带雨林体验游"印象严重不深。倒是觉得人类对热带雨林的破坏实在太严重了。像这般被开垦用作旅游的"准热带雨林"，其实只是旅游噱头，被消费过度的一片普通林子而已。■

伊瓜苏瀑布鸟瞰

第六章

刀锋峭立的巍巍冰川

一、巴塔哥尼亚：
麦哲伦的"大脚人"

↑在阿根廷南部远眺安第斯雪峰

1480年出生于葡萄牙，后来成为航海家的费迪南·麦哲伦，简直是阿根廷历史上的一颗不灭的明星。

1520年8月底，此人用3天时间安全穿越了今日智利火地岛海面的惊涛骇浪，从此这片海域被命名为"麦哲伦海峡"。也就在这一年，麦哲伦登陆今天阿根廷南部的土地，他看到这里的居民体格高大，身披兽皮，特别是他们把美洲原驼的湿润毛皮套在脚上直至膝盖，以形成特别保暖的靴子；雨雪天时，他们还会再外套一双大皮靴。麦哲伦非常兴奋，脱口称这种人为"大脚人"。他还饶有兴致地诱捕了两名"大脚人"献给西班牙国王。在向国王介绍这两人时，麦哲伦说他们是："Pata（读巴塔，意思是脚），Gon（读哥恩，意思是大）"。全句意为"大脚"。这两句话连起来读，被后人演变成今天"巴塔哥尼亚"。

↓巴塔哥尼亚地区遍布这类耐寒植物

↓一种耐寒的安第斯高原植物，绽放出美丽鲜艳的黄花

此刻，我来到寒风刺骨的阿根廷南部——巴塔哥尼亚地区。这里地处南极边缘，终年气候寒冷，不适宜农耕，居民多以打鱼捕猎为生。自从欧洲人入侵以来的约500年里，这片土地上的居民基本上被斩尽杀绝，现在的居民全都是欧洲移民，或是欧洲人与印第安人混血的高乔人等。

巴塔哥尼亚地区以安第斯山脉为边境，分智利和阿根廷两侧。它的整体以流入大西洋的科罗拉多河为边界，面积约110万平方公里。其中阿根廷一侧的巴塔哥尼亚北部是广大的平原，南部是干燥的不毛之地。

巴塔哥尼亚地区正是南部的"风之大地"。这里四季强风呼啸，开花的植物很少，大多茎矮而粗，皮厚，并且多紧贴地皮生长。由于降雨丰富，这里没有长时间的晴天，风云突变是寻常之事。我经过了有"小瑞士"之称的巴里洛切，在卡拉法特待了好几天，鸟瞰了清澈的阿根廷湖，游历了巴塔哥尼亚30座国家公园中的两座。最重要的是，我去了三处大冰川！ ■

↑ 巴塔哥尼亚雪峰陡峭矗立，十分壮观

↓ 阿根廷南部一户人家门外的桶状信箱

二、巴里洛切，
夕阳下的优雅邂逅

在阿根廷国家旅游局的安排下，我从布宜诺斯艾利斯乘国内较小的飞机，中途经停巴里洛切机场，然后转乘另一架飞机直抵卡拉法特机场。

还是在巴里洛切上空的时候，我就透过舷窗鸟瞰了阿根廷湖；着陆后，我立即跑到大湖之畔，驻足领略它名字的大气，也被它那咄咄逼人的庄严感所震撼。

这真是夕阳下的一次优雅邂逅。

银灰色的湖面，既沉静深邃又宽阔无垠——这不是重点；如此安安静静地平卧于苍茫大地的怀抱——这也不是重点；重点是在这片国土如此偏远的地带（它距首都布宜诺斯

↓ 阿根廷湖畔星星点点的房屋群，即是阿根廷著名的"南美小瑞士"巴里洛切

从飞机上眺望阿根廷湖，
益显贵气十足

艾利斯1720公里，一趟飞行竟要3个多小时），竟有这样一处被冠以国家大名的所在！

此刻的阿根廷湖，正无声地演绎着国家精神——它最为耀眼之处，是阳光辉映的点点金光，远远看去，就像撒在银盘上的金屑粉末；也恰似阿根廷国旗正中的那轮微笑着的太阳！

阿根廷湖之畔，坐落着小镇巴里洛切。它被起伏不平的丘陵所环绕，四下的山野一片褐青，宛若温暖的巢穴，或是坚固的城墙。

远远看去，城区多为密密簇集的木质小屋，正争相露出童话般的鲜亮屋顶，有大红，有鲜蓝，有嫩黄，还有纯黑……19世纪末，很多瑞士人移居于此，也带来了阿尔卑斯木屋建筑风格，这里的景观很快被喻为"南美小瑞士"。我想，这不仅是喻指它能在高寒地带绽放独特的小巧精致，更是指它依山傍水，催人沉醉，是能与"世界花园瑞士"相媲美的人间仙境所在。

巴里洛切海拔770米，常住人口7万。它背负海拔3000米的卡特德拉尔山脉，面对面积为550平方公里的纳维尔瓦皮湖。夏季，这里有高原凉爽的风；秋季，红叶染红整个山冈；而冬季，这里才真正拉开大戏的帷幕——这里是世界知名的滑雪场，也是阿根廷最大的疗养胜地。世界众多国家的游客，多会举家兴致勃勃地来到这里，以巴里洛切为基地，在总面积达7580平方公里的区域尽情地露营、滑雪、登山、钓鱼、巡河游览……■

三、国家公园的
百里冰川何以形成

阿根廷的国家公园甚多。被联合国教科文组织列入《世界遗产名录》的著名公园和景点就有包括"圣克鲁斯的冰川国家公园"在内的九处。而"圣克鲁斯的冰川国家公园",正是本章介绍的内容。

冰川,西班牙语为Glaciar。从卡拉法特出发,我用了整整一天时间,从容地徜徉于阿根廷这座著名的国家冰川公园。

领略了园内包括佩里托·莫雷诺冰川,乌普萨拉冰川

↓巴塔哥尼亚大冰川在天光折射下,呈深蓝的瑰丽色彩

等在内的多座冰川的英姿。从卡拉法特乘车到国家冰川公园，路程并不遥远，大约一个小时，但气温变化极大，温度会骤降三十多度。我事先便穿上在布宜诺斯艾利斯买的牛皮夹克，到了冰川之前，依然被冻得直打哆嗦。

原来，从太平洋吹来的湿润强风，在遇到安第斯山脉后，形成大量的雪花，这些雪花飘散下来便形成冰川。1999 年 12 月，我曾飞越过安第斯山脉之巅，那是从智利首都的圣地亚哥飞往乌拉圭首都蒙得维的亚的旅程，安第斯山脉是必经之地。舷窗外的山顶一片洁白，庄严冷峻得如同矜持的皓首老翁。这些由雪花形成的冰川，并非一动不动的自然山体，它们时时都会被重力强行移动，并朝阿根廷一方漂流而下。眼下我所见的冰川，就是这被推移的冰川最前端。站在它前方 50 米处的瞭望台，我能清晰地直视前沿冰川被不断推入水中、形成碎片跌落溅起巨大浪花的盛况。所以这河水就是冰融成的水，加上从冰面不断刮来的巨大凉风，这里温度得以骤降为冰点，乃是必然。■

↑ 巴塔哥尼亚大冰川壮景

四、莫雷诺冰川:
旷日持久的破碎之声

↑ 莫雷诺大冰川崩裂瞬间的壮观景象

↓ 莫雷诺冰川一直不断地向前推进,前沿冰墙崩裂入水

伴随着震耳欲聋的冰川破碎之声,"哗啦哗啦",整体的冰块体积巨大但却无可阻挡地直冲而下,跟跟跄跄地跌落河中,瞬间碎成无形,只有飞溅的浪花如原子裂变一般腾起漫天巨雾,遮人眼目……

有时,听到对面巨大的冰墙发出巨大的玻璃碎片声,是哪块冰面又要破碎入水?还没等找着,呼啦啦的一声巨响,巨大的冰墙瞬间崩裂开来,如同山体滑坡或地震骤发,冰墙轰然倒入水中。后面的冰墙以肉眼无法察觉的速度继续稳稳朝前推进。

我站在观景台前,手抚冰冷的木质护栏,眼前这一长排浩浩荡荡、挺直胸膛、排列整齐、仿佛正在接受检阅的白色仪仗队,正神情肃穆地展示着自我的凛然威严。良久,呼啸的寒风刺骨而来,我的双脚不知不觉地早已麻木。但我仍然不愿离开。我真的看不尽这壮丽伟大、洁白纯净的存在。它从上天而来，又会再度与湛蓝天空合为一体。具有如此强烈震撼力的白色世界，令人流连再三。

这座名为佩里托·莫雷诺的冰川，如同"活火山"一般，是每天都在成长行进的"活冰川"。

在它的起始点，每天由飓风从安第斯山脉吹刮而下的雪花不断充填冰川的体积，这样"后冰推前冰"地把偌大冰川持续不断地朝前推移。如果不是亲临现场亲眼所见，你很难想象这么大一片体积、长度源源不见尽头的壮阔冰川，其实正悄悄地、不断地、缓慢地前移不止。

西班牙探险家佩里托·弗朗西斯科·莫雷诺于1876年首度发现这处冰川。它全长35公里，表面积达195平方公里（也有资料为257平方公里），最前端的宽度为5公里，平均高度60米，最高处达100米。由于丰富的降雪和相对较高的温度，使得这座冰川移动速度比较快，整体一天移动近2米，向两端移动也近40厘米。正是这种快速的移动，使我们能不断目击冰墙轰然崩裂坍塌的壮丽景象。

据测算，最新降临的冰雪被移至最后跌落河中，其时段竟然需要数万年以上。也就是说，当一粒晶莹剔透的微小冰粒，幸运地被大自然送到这个庞大的家庭卧榻上以后，每天都会仰望星空明月，迎送日出日落，就这样幸幸福福地躺上数万余年……而我，正是它终于寿终正寝投身冰河涅槃再生的目击者。

这就是阿根廷最具观赏价值的大冰川——莫雷诺大冰川。

突然，我发现在此唯一的遗憾，是没有带上一瓶威士忌酒来。如果打开醇酒，再从身边的湖里捞上一两粒万年凝结而成的冰块放入酒杯，一边品着美酒一边赏着美景，该是何等惬意！■

莫雷诺大冰川崩裂之时
溅起巨大的水花

五、乌普萨拉、斯佩加齐
两座冰川比肩生成

离开莫雷诺冰川，我乘上旅游轮船，从湖面观赏乌普萨拉冰川和斯佩加齐冰川。

"乌普萨拉"原本是瑞典城市之名，何以来此？原来，1908年瑞典这座城市的乌普萨拉大学首次考查这座冰川，命名缘起于此。

乌普萨拉冰川是阿根廷国家公园内最大的冰川，表面积达595平方公里（加上流入湖中的冰川总面积达1000平方公里），也是南美洲最长的冰川。

当船体渐渐驶近冰川时，近距离地欣赏冰川真是赏心悦目啊。洁白的冰体，有着自己的骨骼和肌肉，有着自己独特的造型。在冰层表面一片洁白透明，但冰缝之间在光线的折射下却是碧蓝碧蓝的，宛若道道润玉水晶。

↓莫雷诺大冰川前，旅游船小得像只蚂蚁

冰川两侧清晰地呈现出一些黑色印记，这是它在移动时与两侧岩石挤擦后沾染的痕迹。这不经意出现的道道黑迹，因被夹在碧蓝冰层之间而变得很有质感，乍看去还是一幅很不错的抽象画呢。

另一座斯佩加齐冰川位于乌普萨拉冰川不远处的湖边。这座冰川水面最高处达135米，表面积66平方公里。虽然它的规模不如另两座大，但它是这些冰川中退化程度最慢的一座。其冰面因长久不变而愈显其嵯峨参差，更像众冰川中的年迈长者。

站在往返于乌普萨拉冰川和斯佩加齐冰川的巡河游船上，我放眼望去，湖边是黝黑险峻的群山，还有茂密的森林。一座座冰山漂浮在湖面，大小不一，但都是在深暗背景下凸现出来的白色精灵。特别是在亮晃晃的阳光照射之下，那白的愈白，黑的愈黑，其色彩对比之强烈，简直能产生响亮的碰撞之声。水天之间，瞬时仿佛奏起铿锵有力的交响曲。

我站立船头抬头仰望，不禁惊呆了：蓝色的太空上，竟然浮现着白云彩"大礼帽"！那"云帽子"形状之像，简直不可思议，不信就请看图片吧。■

↑ 莫雷诺大冰川的冷峻容颜

↓ 莫雷诺冰川上空，云朵形似大礼帽或者UFO

六、鲁冰花，缀饰卡拉法特的彩色精灵

↑ 鲁冰花! 记得台湾那首歌《鲁冰花》吗?

卡拉法特的机场很小。我走到出口处，就见接机男子手执"YUXI"纸片笑迎上前。

一路上，我发现周边一片褐黄色的丘陵。路边稀稀疏疏地分布着一些小木屋，那些铁皮屋顶均被漆成炫目的五颜六色，其基本构造都为三角形，显然为了冬天更快地融雪。此种小木屋的景象在冰岛共和国比比皆是，看来这里流行的也是广被接受的国际风格。

卡拉法特并非终极旅游点。人们来这里，几乎全都是从此地出发，前往佩里托·莫雷诺冰川和埃尔查尔腾。这里是去更诱人景点的大本营，也是一个绝佳休息地。

↓ 卡拉法特小镇，矮矮的屋子，五颜六色的屋顶

↑ 卡拉法特高空云彩形同俊逸的洁白飘带

很快就到了预定的酒店，走进大堂，我不由一愣，怎么满目尽是些中国元素的物品？只见那些中国人熟悉的中文匾额、中式大花瓶，还有粗糙的乳胶质地大肚佛像和骏马等物，正东一个西一个地散落四方。

老板走了出来，原来是来自台湾的华人。十多年前，独具商业慧眼的他就在此地买地建起大面积旅游酒店，并在镇中心配套开有中式自助餐厅。他笑称："全镇仅我一家中国人开的酒店，生意还不错。我酒店和餐厅的中文名都叫'美梦园'，两处相距不太近，但没关系，我有车定时接送客人往返。"

这家华人酒店每晚住宿费160美元，当属中高价位。我住过三晚，客房条件虽一般般，但有机会品味地道中餐，

↑ 茁壮生长于卡拉法特小镇一户人家院落的鲁冰花

↑ 巴塔哥尼亚地区遍布鲁冰花

也有时间对卡拉法特小镇作深度探访。

入夜，我谢绝了老板邀乘酒店定点班车的好意，独自步行至两公里外的卡拉法特小镇。

小镇的主街只有一条，名为"解放者大街"，几乎所有商店餐馆都集中在这里。镇内没有高楼，多为一至两层的迷你小屋。入夜的临街店面灯光璀璨，规模较小的商店鳞次栉比，街头游人如织，很是热闹。

我仔细观察了几家商店，发现这里非常国际化，也非常摩登时尚。隐隐的缺憾，是所有店铺的装潢风格均无阿根廷本地特色，比起胡胡伊和萨尔塔的街道来，这里的文化个性就太缺乏了。我随后得知，因为几乎所有店主都是不同国家的商人，加之卡拉法特一两百年前基本没有常住民，地方文化传统特色缺乏传承的基因。

卡拉法特是阿根廷圣克鲁斯省的一个市镇，周边被森林和湖泊相围绕。卡拉法特周边的阿根廷湖泊由冰川之水汇集而成，湖泊终端耸立着安第斯山脉。它的常住人口为4000人，几乎全都是为旅游季节来到此地的外国游客服务的第三产业从业人员。每年的11月至次年3月是这里的旅游旺季，那时这里天天人山人海。各家店主只要赚上半年的钱，足以保证全家老小全年的衣食无忧。而冬季来卡拉法特的游客数量非常少，从首都飞来的航班也会随之锐减。

在这里，我有个意外收获——首次目睹心仪的"鲁冰花"。早年从台湾歌曲中知道有个鲁冰花，但从未见过。及至走上卡拉法特街道，见到两侧花圃和私家花园里，到处都茁茁壮壮长着一种杆茎结实的花卉，它独枝主茎笔直伸延高达一米有余，沿着主茎密密排缀着饱满的花瓣，那瓣并不向外翻展，而是裹着花蕊含蓄地盛开。最有趣的是那颜色，赤橙黄绿青蓝紫无所不有，就连极为罕见黑色花瓣，这里也比比皆是。一打听，方知它就是大名鼎鼎的鲁冰花（羽扇豆）！

鲁冰花单枝并不出众，但是成片观来就非常有感觉。在这一点上，它与郁金香花有得一比。

我突然发现，处在太阳逆光下的鲁冰花，拍摄起来其造型和色彩更为神秘，也更有魅力。于是我饶有兴致地到处寻找逆光的鲁冰花，整个拍摄过程快感奔涌，心情奇佳。

次日一早，阳光又是那般通透灿烂。我路过一家门前，被花园内大片鲁冰花所吸引，于是弯腰跨入，一门心思地寻找角度取景，注意力全都沉浸在欣赏力与美奇妙组合的愉悦中。在我良久不能自拔状态中，竟丝毫没有发现这家主人的车业已停在门前因我挡路而无法入内。等我蓦然惊觉，赶紧窘迫地探身起立并挥手致歉时，才意识到人家车主一直没有鸣笛地等候我已多时矣！

我在卡拉法特拍摄鲁冰花的同时，也将这个小镇居民的友善与教养摄入了心中。■

↓卡拉法特，莫雷诺大冰川远远招手

七、世界遗产:
宾托拉斯河手画洞穴

↑ 宾托拉斯河手洞一瞥

小小的卡拉法特镇，仅4000人口，却有一座藏品丰富的"卡拉法特地区博物馆"。大约是怕被外人误会本镇太小、历史太短而没有"时光隧道"可供穿越，这家地区博物馆的规模实在可观，展览手段也很现代且规范。它不仅陈列了从新石器时代到现代的各种出土文物，还展示有这片土地生存过动物的标本，包括犰狳、狼、狐、豹，以及在冰川上游各大湖里生存过的各类水族动物。

然而，最引人注目的，是这家博物馆的"镇馆之宝"——有关巴塔哥尼亚地区圣克鲁斯省"宾托拉斯河域的手迹洞穴"的展品，是能给所有观众留下深刻印象的珍稀文物。

已被联合国教科文组织列入《世界遗产名录》的宾托拉斯河手画洞穴，位于宾托拉斯河流经区域的一个山洞。内有许多远古人类绘制的谜一般的手印壁画和其他图画。这座博物馆展出的只是复制品和照片。

宾托拉斯河手洞石壁上，绘有无数的手印壁画。这些作品大约创作于公元前550年。最早画这些手印的人使用的是白色。大多数手印都画在一个长约24米的洞穴里。萌萌的手印壁画十分可爱。乍一看，好像无数原始人正热情地朝着今天的新人类招手致意。

我仔细辨认，发现绘制在嵯峨山石上的手形，其造型均采用"黑围白、白围黑"等"阴阳叠加"的高超技巧，色泽均为黑、赭、紫罗兰、黄和红色。手型层次异常清晰，结构分明，画面完整，形态优美，很具有艺术性和装饰性。只是这些颜料必须采用"喷绘"手段方可附着上墙。而在公元前550年，这些聪明的祖先们，究竟是拿什么来搞"喷绘"？想想都要人激动哦。

宾托拉斯河手洞位于圣克鲁斯省西北方，佩里托·莫雷诺冰川南方71公里处。宾托拉斯河是一段很深的峡谷，手洞为东北朝向，洞内两侧有巨大的侧壁，远古艺术精品手画就深藏其间。1876年，西班牙探险者佩里托·弗朗西斯科·莫雷诺(他也是莫雷诺冰川的发现者，此冰川现以他的名字命名)首次发现手洞。洞穴内除了手印之外，还有多处几何图形和动物的画面，其中骆马的画面最为古老，约成画于9000年前。

公元前1000年左右，居住在这一地区的猎人，将几何图案和手印绘制于石壁之上，经历数千年，这些图案居然硬是没被损坏。他们使用的颜料，似乎是由彩色石粉混合骆马脂肪制成。由于湿气和阳光以及风都不能进入洞穴，壁画得以保存完好。

所有参观者都会被这些人类祖先的精美杰作所惊呆——洞穴内发现的这些人类绘制的壁画，那红色痕迹历经数千年至今未见蜕变，其颜料品质之高，画作线条之流畅，造型之逼真，真让我难以置信，叹为观止。■

↑ 宾托拉斯河手洞一瞥

↓ 一条形同蚯蚓的河水，在夕阳反射下蜿蜒流入阿根廷湖

后 记

　　还是在20世纪90年代，一位在阿根廷驻华大使馆工作多年的中秘朋友就曾提醒我："要注意啊，阿根廷人在骨子里是挺高傲的。他们从不认为自己是南美人，而是以正统的欧洲人自居！这在拉美国家是独一份儿。"

　　尽管从欧洲移民来阿根廷已历经几代了，但今天仍有不少阿根廷人拥有强烈的欧洲情结，他们习惯于在衣着上比照法国人，举止上比照英国人，谈吐更是比照德国人。

　　2009年底我第一次去阿根廷时，就听在阿的中国人形容阿根廷人性格特征为"一快三慢"：开车速度快，散漫、傲慢、缓慢。

　　熟知阿根廷人的中国朋友还说，阿根廷人对中国的发展普遍不太了解。几年前，就有位阿根廷政要对来访的中国官员发自内心地鼓励道："中国经济照现在的速度发展下去，只需20年，中国就可能赶上阿根廷啦！"此话不可谓不真诚，但让中国官员们听后哭笑不得，只能感叹阿根廷人的信息太滞后啦。

　　其实，阿根廷人骨子里的这种傲慢心态，既是长期历经拉丁美洲多民族和多元文化熏染时，以优势文明自居的习惯所得，也与阿根廷文明诞生于"蓝色文明"的历史渊源密切相关。如果将其放在世界文化的大背景下加以审视，它的局限性凸显无疑。

　　回溯20世纪30至50年代的阿根廷，举国上下是那么自豪地拥有国家成就感和荣誉感。当时的阿根廷一举跻身于世界富裕国家俱乐部，因为它是世界最具活力的经济体之一，那时的经济实力甚至比富裕的法国还要强劲。那个时代的阿根廷人，在全世界处处被当作富裕国家的公民而备受尊崇；走在西欧发达国家的大街上的阿根廷人，头颅常会骄傲地高高昂起。

美国学者乔纳森·C.布朗在《阿根廷史》一书中曾这样描述，当时的拉美人乃至阿根廷人自己常常这样调侃道："你想知道怎样一夜暴富吗？""只要按实际价值买一个阿根廷人，再按他自己认为的价格卖出去"。这个调侃流传甚广，大约是为了说明一个观点，阿根廷人何其自信，也何其具有竞争力！

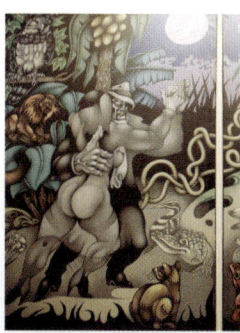

↑ 总统府墙上悬挂的油画作品

的确，20世纪前半叶的那段时光，阿根廷的国力确实强盛，经济总量曾位居世界前10名。因在两次世界大战中通过向各国提供物资而迅速获利，阿根廷成为发达国家的一员；20世纪前后开始的新一轮欧洲移民潮，为阿根廷带来丰厚的财富与精湛的技术，使得这个国家的经济和社会实力再度崛起。这一时期的阿根廷人，在受教育程度、技能娴熟度、中产阶级人口数量以及消灭文盲程度等指标上，不仅稳坐拉丁美洲各国的第一把交椅，即使在全球也被稳稳当当地列入发达国家第一方阵。

↑ 总统府墙上悬挂的油画作品

但是，人们提起阿根廷，记忆犹新的却是20世纪70年代前后出现的、为现代社会所诟病的军人独裁政权统治与民政的犬牙交错的历史。它不仅给世界留下不小的惊恐，更为阿根廷的发展带来重大的后遗症，阿根廷的经济由此快速衰退，"更为糟糕的是，阿根廷从一个成功的国家逐渐沦为一个充满矛盾的国家"、"到21世纪初更是陷入严重的经济危机、政治危机和社会危机"。

原本已经步入现代社会的阿根廷，当今却不断暴露出社会阶级结构僵化，种族主义、社会歧视等殖民遗产所导致的社会等级制度与传统观念的弊端。根深蒂固的后殖民时代的结构性矛盾，致使不平等的政治权利和经济特权沦为捆绑和阻碍社会进步的痼疾。其间庇隆政权和军政府的交错制衡、此消彼长。1983年结束军人政府独裁统治后选举出来的民政新总统，一连三任都在全国人民的巨大期许中上任，却又都在人民的极度失望中下台，其中两任总统甚至任期都未满。

世人皆知，压倒阿根廷人民尊严的"最后一根稻草"，乃是1982年4月2日开始的那场著名的"马尔维纳斯群岛保卫战"。这场历时两个月、最终以英国获胜的战争，留给阿根廷举国上下的是不尽的羞辱，这种失落情绪一直延续至今。

早些年从欧洲移民而来的阿根廷人，他们中的第二代和第三代，眼看国家衰退无望，只得争相返回欧洲的故国意大利或西班牙故乡寻根访祖，寻求人生的发展机会。人民对国家的失望和对前途的悲观，竟然成为阿根廷的普遍社会现象，"发达国家"的概念业已不再。

如何评价20世纪后半叶的阿根廷？中国学者吕芳认为："无论是'自由民主制'、诉诸平民大众的民众主义，还是否定民主的官僚—权威主义，都无法引导阿根廷走出困境。阿根廷的危机是一种合法危机。"

"合法危机"，一个多么宽容和多么聪明的词汇！
只是这种"合法危机"的尽头究竟还有多远？至今不太明朗。

在本书，我试图用积极的、欣赏的、富于美感的眼光对阿根廷进行展望。
因为我心目中的阿根廷——
永远是高远辽阔的萨尔塔和胡胡伊；
永远是冰峰耸立的卡拉法特；
永远是如核聚变般爆裂迸射的伊瓜苏；
永远是温情脉脉暖人心扉的博卡区；
……
只要有沉雄的力量在，有绚烂的色彩在，就一定会有热切的希望在。

余 熙

2015年11月于武汉市

附　录

↑余衾（左）与父亲余熙在
阿根廷中部一山顶合影

作者余衾，余熙之女。德国汉诺威大学社会心理学硕士。旅德十五年，供职于德国柏林某国际文化交流机构。曾赴阿根廷全境多地区采风和文化交流。多有论作在中、德等国发表。

"越狱"的释然

德国法兰克福机场的咖啡厅。我放下还暖暖的咖啡杯，起身拖着大行李箱快步走进机场洗手间，在墙角打开大箱子，排着长队的女宾齐刷刷并饶有兴致地观摩起我的一举一动来。

——我卸下大棉衣、摘下毛围巾、脱了厚毛衣，甩掉毛手套，最后从大行李箱里拿出一件清凉的短袖T恤换上。抬头吓一跳：大镜子里的貂皮和棉袄女士们都不加掩饰地面露惊诧。 于是我一边合上箱子，一边冲大家说"I'll travel to A-r-g-e-n-t-i-n-a!"

我那个"A-r-g-e-n-t-i-n-a"正是按照电影《艾薇拉》里"Don't cry for me Argentina（阿根廷别为我哭泣）"里的"Argentina"的音律说唱而出，虽有些小难为情但确实难忍得意。

坐在汉莎航空公司的机舱里，窗外正飘着鹅毛大雪——那是我旅居德国十多年来欧洲雪势最大的一个冬天。第二天就是圣诞节了。眼见兴奋的乘客们渐渐都瘫在座位上，我看表：已经登机2小时了！我们依然还滞留在法兰克福机场的停机坪上！ 多架次航班因为大雪而延误。与此同时，工作人员仍在给本架飞机巨大的机翼除冰。

——这就是12月23日圣诞节前的欧洲，赶快让我离开这里吧！

……这也是我在当年坐过的最漫长的航班，飞行整整13个小时。此前我以为离欧洲最远的距离是11个小时飞向中国……

记得有一年我从中国飞德国，身后是几位亢奋的中年人。当大多数人昏昏睡去时，他们屡屡在黑暗中将我拍醒，问道："您说，这下面是哪里呀？"

这种问题令我相当恼火，但是我还是耐烦地掀开一点窗户向下望去——一望无际的褐色的山，山脉起伏处被积雪拉扯出一道道抽象的白色花边……

这是哪里呀？

↓ 余泉在科尔多瓦郊区的帕斯旅游景区

尽管如此，中国与欧洲之间的地面景观，还是借由多次往返飞行，令我熟悉于心。

而在飞往阿根廷的航班上，我以往的耐受飞行时间极限受到了挑战，10个小时过去后，我开始烦躁，并不停地起身走动，最后干脆倚在机尾部的窗边，眺望着地面……

这是让我多么陌生的景致——久远也未能掠过的茂密浓烈的丛林，从11万公尺的高空望下去像大朵大朵毛茸茸的青苔。间或，深蓝闪亮的洋面渐次移闯而来。墨绿的丛林，深蓝的大海，就像款款而上的诱人鸡尾酒；不曾褪却的白色海浪，则像松蓬的奶油花；酥软的情怀悄然袭来，我已经迫不及待地想大吼一声。我立即联想到美剧《越狱》：主角Michael多次提到越狱后将隐居"巴拿马"；随后在《越狱III》里，果然出现了"巴拿马"，正是这样的丛林和海洋。此刻，我顿时理解了那种释然——决不是因为茫茫的丛林适合藏匿，而是躺在空旷温软的白沙滩上听着丛林颤动的回声，遥想那种与无数人、高楼和电话周旋

↓拉普拉塔河上的渔夫俱乐部桥造型夜间格外优雅

的生活，是多么拘谨；而当下这般却是多么华丽的转身。

目的地快到了。乘客们也亢奋起来——说着德语的，多是趁着圣诞节去阿根廷度假的德国人，个个快活得如同新年烟花，轻轻一点即会爆棚。说西班牙语的，则大多是回家过圣诞节的阿根廷人，他们的喜悦像平安夜的弥撒一样，沉静而宁馨。这哪是架飞机，分明是"时空穿梭机"——刚从皑皑白雪中钻出，又一头扎进烈日酷暑。

伴随着夜幕，飞机越飞越低。

旅客们纷纷脱却色调单一的冬装，欣然换上精彩纷呈的夏衣；大家不加掩饰地相互欣赏，为即将开启的"夏之旅"预热惊喜。有个德国小伙高调地跳到走道中搞怪，一边往裸露的手臂上抹防晒霜，一边扯下头上的毛线绒帽，出其不意地扣上一顶热带草帽——人们欢呼起来。

凑近窗口，只见那纵横交错、整齐划一的城区，高楼林立，灯火通明；沉雄博大、稳健辉煌的城市氛围，如同奏响了庄严厚重的交响乐。

↑ 由昔日大剧院改造而成的大型书店，在布市极受欢迎

↑ 余袅在科尔多瓦的科登湖畔

　　哦，不是丛林中的"巴拿马"，这是阿根廷的首都——布宜诺斯艾利斯。

　　……阿根廷之行距今其实已有几年。当年并未留下笔记，因我偏执地不喜欢速记"流水账"，而是喜欢事后字斟句酌地用文字再度享受旅途快意。然其间我成为了两个孩子的妈妈，于是书写阿根廷便一再搁置。待到再提笔时，我描写的细节和详情少了，而感受和抽象的情致多了。这亦是我对阿根廷长久的印象和怀念。

　　直至今日，回忆阿根廷之行成为我舒缓压力并自我安抚的一种方式。当然，我回忆的并不是具体场景，而是在当时就已产生、并在日后一直存在的某种冲撞力量。它不仅是人文、气象和自然的感受差异，更是在这些元素的缝隙中，让我看到了价值观、生活方式和生存状态的巨大差异和诸多可能性，以及由变化所带来的希望。或许对于生活来说，"存在选择"比"坚持"更从容、更充满希望。

　　因此，我盼望有朝一日能带上两个孩子一起去阿根廷，再度搭乘这趟"时空穿梭机"。

布宜诺斯艾利斯的一天

　　刚到布宜诺斯艾利斯时，伫立街头环顾，我几乎以为到了西班牙的巴塞罗那——感悟或领略一处新的地方，有时用"合并同类项"或许是一种选择。当然，如今我多不会这样简单地类比——不是每个水城都愿被喻为"威尼斯"，也不是每个大都市都愿被称为"纽约第二"。

　　但是，布宜的"城市感"确实十分成熟，一如同样成熟的巴塞罗那。她拥有国际大都市的所有要素：磅礴、现代、人气、多元文化；更有着南美独特的闲适、自然和怀旧。因此，我觉得2010年上海世博会"城市让生活更美好"的主题语，用来形容布市很是贴切。

　　下午一两点钟。宽敞笔直的"七月九日大道"格外沉寂，酷暑让人们躲进了空调房间。我独自走在石块砌成的

↓ 余袅在阿根廷总统府前的五月广场

光滑平整人行道，侧身于一幢接一幢大楼的阴凉中。无数空调外置机"滴答"的水声和"嗡嗡"的轰鸣，以及路中央排列成行的棕榈王树和大梧桐树上知了的鸣叫，均是与同时在欧洲的漫天大雪所无法企及的天籁。只要想到欧洲的冰雪，哪怕空调机的水溅到我脸上，我也只会怜爱地拭去，然后顺势仰望那些白色的大楼，它们大多有着雄浑壮阔的石头雕花外墙和精美的铁质雕花栏杆，更有每一个阳台上干干净净地摆放的大株绿色植物。

路经五月广场的一家冰淇淋甜品店，橱窗内巨幅青苹果招贴画立即吸引我入内避暑。坐在落地窗边，我边吃着并无惊艳的冰淇淋，边注视着街边一穿吊带裙的女孩，正牵着十几条大小不同的狗昂扬地走过。这是在布宜常见的"代客遛狗"的职业吧。再看路边树荫长椅上，老人们穿着规矩挺括的衬衣细眯双眼认真阅报；街角报亭边坐着一个胖大妈，她脚边的塑料水桶里盛开着一束束待售的栀子花。我上次买栀子花是什么时候？哦，还是在武汉上小学

↓ 布宜诺斯艾利斯一幢高楼的玻璃幕墙反射出来的现代化大都市图景

的时候。那是在菜市场的小花摊前，和小葱一样的价格。我把花带进了教室，一整天沉浸在清香中……

　　傍晚，我们到布市的"中国城"——此前我从未想到，在南半球的阿根廷也会有这么多华人，并能形成小有规模的"中国城"。20世纪70年代以来，中国人和韩国人成为这个国度的移民主流。众多中国人涌入，致使这里的中餐馆和中国商店大多保持着未曾刻意迎合当地人的中式风味原貌，就像在国内走进一家普通餐馆一样，让华人倍感亲切。在一家台湾人经营的餐馆，我们点了几盘家常菜蔬，如"清炒空心菜"之类，方得以洗刷连日牛排的"委屈"。

　　饮尽杯中最后一口乌龙茶，我们告别中餐馆。街边坐着一排纳凉的福建移民。一位白背心男子立即友好地高举一大串紫葡萄递了过来。跨越了大半个地球，还能幸遇如此丰富和细腻的祖国文化元素，于我都成为令人心动的感慨。

　　夜幕完全落下。在布市中心最出名的商业街弗罗里达街，高耸的白色银行大楼上如同大峡谷两侧矗立的巨壁，建筑精美的廊柱和雕花古朴典雅，华丽璀璨。街面上人很多，松弛和留恋缠绕着交错的脚步。

　　布市这座城市真是全世界牛肉饕餮者的天堂！任何一条街上，牛排馆鳞次栉比。一到晚上，门庭若市的牛排馆里，从宽阔的落地窗便能窥视堂内食客汹涌。当然，他们多为布市的本地居民。食客身着时尚性感的夏装，大口吃肉大杯喝酒，高谈阔论，形成布市独特的"牛排文化风景线"。

　　在博卡区、五月广场，还有弗罗里达街，众多的皮草店也吸引着大量游客和中老年消费者。只是那怪怪的气味和毛茸茸的质感，让我着实不愿在夏季光顾。我更喜欢步行街中央无数售卖手工艺品的"地摊"：有矮胖的印第安裔大叔身上披满了五彩缤纷的织毯，手上还拎着各色绣着仙人掌和印第安小人的羊驼毛衣；也有一头棕发的阿根廷英俊小伙在卖自己用麻绳和彩石编成的阿根廷风情手链。当我蹲在一位布市大学艺术系学生摆的摊前，挑选她手绘

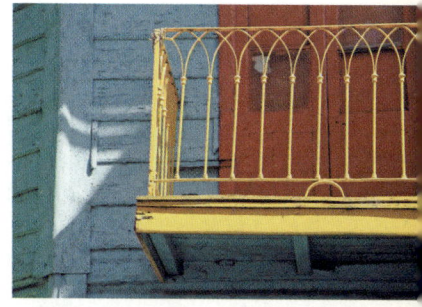
↑ 布市博卡区的阳台

↑ 余袅与萨尔塔的印第安小学生们在一起

↑ 余袅在胡胡伊高原高大的仙人树下

185

的"艺术汗衫"时，身后突然传来小声的中文："是中国人！"扭头回看，一对与我年纪相仿的中国小情侣正笑容可掬。"你们是从哪里来的？"我连忙问。"我们在巴西留学，圣诞节过来玩的。"

那一刻，我觉得我和他们多么的幸运，都是能被撒在地球各处自由行走的人！

夜色已深，人影稀疏。弗罗里达的背街，传来忧伤与柔美并存的音乐。一对男女的华丽探戈，每一旋转，每一抚摸，更有每一对视，无不凝聚着无限深情。我被这忧郁感伤的美所深深"灼伤"。探戈的美，不仅在于它不沉痛不矫作，还在于它"郁"中有些慵懒，慵懒中有些幽默。幽默中永远有可爱。

回到寓所，保安正趴在前台打盹。这是位长相酷似张学友的阿根廷本地小伙子，脸上总是挂着张学友般的宽厚真诚的笑容。睡眼惺忪的他连忙站起像老朋友一样护送我们进入电梯，并快乐地道着"晚安"。

↓ 余衷在萨尔塔的"印加古道"前

叹息，吐纳至美

↑ 余衷在布市圣特尔莫区
的老街

面对"至美"，唯有叹息。

那种感觉，就像三十年前老版电视剧《西游记》里《祸起观音院》一般。老艺术家程之饰演的观音院方丈，捧着唐僧的锦兰袈裟，嘤嘤哭泣，皆因宝贝太好却又不可私藏。

在阿根廷的行旅中，"至美"不仅是壮美旖旎的风光，更是新奇和谐的人文景观。一再邂逅至美，我唯有一次次地叹息，以此吐纳内心深处的巨大惊喜。

北部山区蒂尔卡拉，我们下榻于毗邻玻利维亚和秘鲁的印第安族裔原始村落。村庄没有正规的公路，干燥的土路上永远飞扬着漫天黄尘。路侧是一溜溜低矮的土坯房，像孩子用陶土捏出来的玩具，笨拙歪斜，但敦敦实实。

深夜，我们从羊驼肉餐馆走出欲返客栈。远处的院落间或有几声驴叫；昏黄的小道前，亮着同样昏黄的路灯。几个小男孩在黯淡的灯光下正有一搭无一搭地玩着泥土。在迷宫般的黄土屋群，我们终于迷路了。当我用西班牙语远远地朝孩子们求助："孩子们，你们知道那家旅馆吗……"时，"Si，我知道！"几双晶亮的大眼睛，霎间愉快地闪烁至前。孩子们咯咯地笑着七嘴八舌，然后争相带路……

清晨，推开客栈厚重的木窗，蔚蓝天空下横亘着七彩斑斓的莽莽大山。满目青草的清冽气息扑面而至，前一夜对村庄斑驳的墙皮、灰黄的土坯房的粗放印象感瞬间荡然无存。

再回眸，我房间的壁画风情万种，画面质朴，色泽明丽。曾经如影随形的现代文明在这里渐次淡漠，身边印第安人繁衍生息的土著文化元素，是那么地原始古拙。

窗外，一位肩披绚丽彩条披肩斗篷、下着大花彩裙、戴着印第安人典型阔沿毡帽的青年女子，正牵着两匹羊驼，悠闲地逸过。她那斗篷，用西班牙语发音类似"崩绰"（Chal Poncho），只有未婚姑娘的斗篷方可纹上花朵图案。我情不自禁地带上门扉，远远跟随着她，也走在曙光初射

MISIONES JESUITICAS   SAN IGNACIO MINI

↑ 古朴的印第安风情壁画

的小路上。转了几个弯，我们蓦然扎进一处人声鼎沸的菜市场。这里多为土著的印第安农民，男男女女多戴着阔沿毡帽，更多女人们身着色彩亮丽的花裙子。只见这些印第安族裔居民正用我感到陌生的语言，神情投入地交谈和采购，我顿觉自己是身处异地的异类，鲜明的违和感瞬间激起。但是，我很快就发现，身边所有的印第安居民，居然没有任何人对我的加入而在意。一个混迹其中的亚洲女孩竟然宛若"隐形人"一般。我油然产生无比强烈的自然感，仿佛已经来过此地很长时间一般，开始在印第安人群中穿梭往来，放松地购物，谈笑。

与巴西、巴拉圭共处一隅伊瓜苏大瀑布，是世界文化遗产国家公园。我从布宜诺斯艾利斯飞抵伊瓜苏精巧的小机场，在步出机舱踏上舷梯的第一秒钟，就感到浓浓的燠

热潮润气息瞬间裹挟全身。"这是热带雨林的味道啊！"我
从内心感慨。

突然，一只扑闪着黄色翅膀的蝴蝶，翩翩停立在我的
手臂上。我惊喜不已，生怕惊跑它，便僵硬地举臂走下
舷梯。

当双脚踏上伊瓜苏地面，第二只第三只……越来越多
的黄蝶将我环绕，又有几只落立肩头。我忍不住伸手去扑
还伫立在手臂上的这只"神蝶"，莫非是它招来这么多的
"蝶兵蝶将"？

伊瓜苏的热带雨林一望无际。放眼望去，处处是低矮
浓密、绿毛茸茸的原始植被，更有大挂大挂的黄绿色香蕉
藏身于绿油油的蕉叶之间。刚才还湛蓝晴好的天空，瞬间
乌云翻滚，猝不及防的阵雨，仿佛泼洒无尽的绿色颜料汁
液，一下子就把满世界浇淋得绿中带蓝，湿漉一片……

伊瓜苏与南美亚马逊雨林区连成一片，是地球上仅存
的原始热带雨林。林中小路全是泥泞的红土，至此我的鞋

↑ 伊瓜苏遍地栖息着的蝴蝶

↓ 余袅在伊瓜苏大瀑布
前，浓密的水雾将人淋得
透湿

↑ 余袁在胡胡伊省低海拔
地区的丛林

底就沾上日后很难清除的褐红之色。 这令我忆及儿时喜看
的动画片《黑猫警长》里面大象河马犀牛纷纷偷吃红土的
情节，由于动画片诱人的描述，孩童时的我便认为红土一
定很好吃。眼下的伊瓜苏，正跳跃转换于这褐红与墨绿两
种浓烈的色彩对比中，实在秀色可餐。

正观赏着，路边树丛钻出几个五六岁的小脏孩，手里
各捏一只手工雕刻的粗糙的木头犰狳或大嘴鸟，追逐着向

→ 伊瓜苏三个快乐的印第
安小孩，手执小木雕动物
向游客兜售

↓ 萨尔塔，正在为马匹进行
修剪鬃毛的高乔人

我们兜售。我连忙买下三四只，孩子们脸上顿时绽放天真的笑容，并扑上前来合影。

——阿根廷北部的萨尔塔山区。乡村公路蜿蜒地延伸远方。当我们的车驶向山顶，四周忽地豁然开朗——天显得格外蓝，树色特别翠。突然由远而近地传来一溜行云流水般的奔腾声，那节奏明快急促，瞬时直抵眼前。我探头窗外，但见一大帮牛群正沿着路侧朝前方矫健地奔去，整个地面顿时瑟瑟抖动。

牛群后方，是身跨骏马的高乔牧民，只见他们头戴皮帽、足蹬帅气的长筒皮靴，正挥舞着鞭子，英姿勃发地驱赶着牛群疾驰前行。他们身后，更是一群狂吠疾奔的猎犬。南美高乔人和他们的牛群，生生地撞入我视线后，又快速掠过我的心跳，远去无踪。

当车环山盘旋而上时，山巅传来雄浑悠扬的钟声。一阵清澈灵动的儿童歌声，将我的心融化殆尽。碧绿山坡上，坐落着玩具一般精巧的白色教堂，一群八九岁的阿根廷男孩正端坐草地，个个面朝着教堂，正欢欣地歌唱……

阿根廷，无数浑然天成的风物，一次次颠覆又强化着我对于自然、人类和社会文明的认识。它们无论如何也不仅仅止于妙曼景观，更让我感同身受地体味到一种气质。

唯有源自内心深处的叹息，才足以赞美和保存这种至美气质。■

↓ 阿根廷距离南极最近的滨海小城乌斯怀亚远眺

鸣　谢

　　下列机构及人士，为作者的采访、写作和本书出版，提供了重要支持与热情帮助——

　　中国外交部，中国驻阿根廷大使馆，中国文化部外联局，武汉市委宣传部，世界知识出版社，长江日报报业集团，武汉市蔡甸区人民政府，武汉市知音莲花湖酒店。

　　阿根廷共和国驻华大使馆，阿根廷国家旅游促进局，阿根廷布宜诺斯艾利斯大学，阿根廷萨尔塔省政府外事办公室。

中国外交部前副部长、中国驻巴西大使李金章先生，中国外交部拉丁美洲和加勒比司前司长、中国驻阿根廷大使杨万明先生，中国外交部拉丁美洲和加勒比司司长祝青桥先生，时任中国驻阿根廷大使曾钢先生，时任中国驻阿根廷大使馆政务参赞蔡维泉先生，时任中国驻阿根廷大使馆张瑞女士；武汉市委常委、市委宣传部部长李述永女士，长江日报报业集团董事长杨世桥先生、总编辑陈光先生，武汉市蔡甸区区长彭巧娣女士；华为技术有限公司阿根廷分公司总经理李祝明先生。

阿根廷共和国驻华大使古斯塔沃·马蒂诺（Gustavo A. Martino）先生，阿根廷驻华使馆时任文化专员宝拉女士，阿根廷国家旅游促进局官员艾凡尼娜·萨勒诺（Evanina Salerno）女士；布宜诺斯艾利斯大学公共关系处处长、时任语言中心主任冈萨雷·维拉瑞尔（Gonzalo Villarruel）教授，布宜诺斯艾利斯大学摄影家帕布罗·特斯泰（Pablo Testai）教授。

多年挚友、中国驻阿根廷大使杨万明先生，阿根廷共和国驻华大使古斯塔沃·马蒂诺先生欣然为本书热情撰序。

世界知识出版社社长马凤春先生，总编辑章少红先生，本书责任编辑侯奕萌女士；英文译者瑞恩·皮克雷（Ryan Pickrell）先生（美）、施敏女士，西班牙文译者夏念先生。

友人田刚先生、阎志先生、青岛荣德文化发展集团公司董事长郭胜森先生。

作者夫人程平女士、女儿余袅。

值本书付梓之际，我谨向以上机构和人士致以崇高的敬意和衷心的谢忱！

2015年11月于武汉市

□ 余熙已出版的著作

1. 文艺精英入眼记（湖北人民出版社，1989年）

2. 余熙水彩画（中、英文版，湖北美术出版社，1991年）

3. 瑞士行——余熙水彩写生（中、德、法文版，湖北美术出版社、香港海洋出版公司，1993年）

4. 人体与空间（中、英、德文版，瑞士罗芙恩出版社，1993年）

5. 武汉，三人三镇行（中、英、德文版，瑞士罗芙恩出版社，1993年）

6. 走向阿尔卑斯——"地球首富之国"瑞士探秘（长江文艺出版社，余熙走向世界系列丛书之一，1993年）

7. 走向巴尔干——我在"玫瑰王国"保加利亚的三十一天（长江文艺出版社，余熙走向世界系列丛书之二，1997年）

8. 走向密西西比——美国辩证（长江文艺出版社，余熙走向世界系列丛书之三，1997年）

9. 余熙走向二十一国（地区）美术摄影作品选集（中、英文版，中国人民对外友好协会，2001年）

10. TRAITS D'UNION CULTURELS CHINE-FRANCE（法文版，外文出版社，2003年）

11. 法兰西的文化表情——余熙美术摄影作品选集（中、法文版，武汉出版社，2003年）

12. 我在美国当"警察"（长江文艺出版社，2003年）

13. 约会"玫瑰皇后"——巴尔干孤旅者的视觉日记（长江文艺出版社，2003年）

14. 约会巴黎——与四十位名人面对面（新世界出版社，2003年）

15. 东方哲学——余熙抽象水彩画（中、法文版，法国蒙塔日市政府，2004年）

16. 约会极地之缘——冰岛八日（世界知识出版社，余熙约会世界系列丛书·之一，2006年）

17. 约会爱琴海——希腊，依然神话（世界知识出版社，余熙约会世界系列丛书·之二，2006年）

18. 约会哈瓦那——卡斯特罗身影素描（世界知识出版社，余熙约会世界系列丛书·之三，2007年）

19. 当东方哲学邂逅极地之光——余熙冰岛主题抽象水彩画（武汉出版社，2007年）

20. 约会乌拉圭——"南美瑞士"的闲适故事（世界知识出版社，余熙约会世界系列丛书·之四，2011年）

21. 余熙与法国——中法文化交流档案精品选集（武汉出版社，2012年）

22. 约会牙买加——加勒比海咖啡香岛纪事（世界知识出版社，余熙约会世界系列丛书·之五，2013年）

23. 余熙探友城（武汉出版社，2014年）

24. EXPLORATION OF SISTER CITIES BY YUXI（外文版，武汉出版社，2014年）

25. 好友在远方——余熙武汉国际友城纪实摄影作品集（武汉出版社，2014年）

26. 约会阿根廷（世界知识出版社，余熙约会世界系列丛书·之六，2015年）

□ 世界知识出版社"余熙约会世界系列丛书"